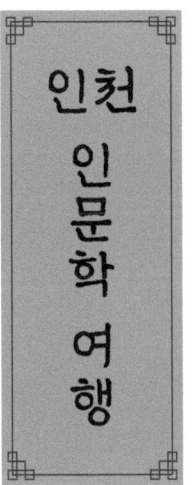

인천 인문학 여행

인천 인문학 여행

초판 1쇄 발행 2023년 08월 11일

지은이 이영태
펴낸이 장현수
펴낸곳 메이킹북스
출판등록 제 2019-000010호

디자인 최미영
편집 최미영
교정 강인영
마케팅 안지은

주소 서울특별시 구로구 경인로 661, 핀포인트타워 912-914호
전화 02-2135-5086
팩스 02-2135-5087
이메일 makingbooks@naver.com
홈페이지 www.makingbooks.co.kr

ISBN 979-11-6791-411-8(03800)
값 17,500원

ⓒ 이영태 2023 Printed in Korea

잘못된 책은 구입하신 곳에서 바꾸어 드립니다.
이 책의 전부 또는 일부 내용을 재사용하려면 사전에 저작권자와 펴낸곳의 동의를 받아야 합니다.

홈페이지 바로가기

메이킹북스는 저자님의 소중한 원고를 기다립니다.
출간에 대한 관심이 있으신 분은 makingbooks@naver.com로 보내 주세요.

인천 인문학 여행

이영태 지음

메이킹북스

책머리에

 지역인문학(Glocal Humanities)은 시간 여행자들의 소소한 여정이다. 여기서 지역, 글로컬(Glocal)은 글로벌(Global)과 로컬(Local)이 결합된 용어로 양자를 한꺼번에 포용해야 하는 이른바 세계를 향하되 지역 실정을 고려해야 하는 것을 가리킨다.

 나태주의 시 「풀꽃」에 의하면, 작은 풀꽃이라도 자세히 오래 보아야 그 대상과 참된 마주함을 할 수 있다고 한다. 참된 마주함은 흐릿하거나 지나친 대상들에 대한 대답을 얻은 상태이다. 그리고 이는 인천 인문학 대상들이 향하는 여행의 도착점이기도 하다.

 교실 밖의 인문학 대상들은 우리가 흐릿하게나마 알고 있거나 혹여 지나쳐 왔던 것들이다. 좀 더 찬찬히 관심을 가지면 의외의 대답을 얻을 수 있는 것들이다. 인문학이 교실 안에 머물 때 사람과 관련된 글(文, 문자)에 한정되지만 교실 밖에서 그것은 사람(人)의 표현 활동(文, 무늬)을 이해하는 다양한 방식을 의미한다. 소수의 전유물에 머물던 인문학이 교실 밖으로 나오자 인간과 인간, 인간과 사회, 인간과 자연의 관계를 이해하는 방식이 자유롭고 유연해질 수 있었다. 인간과의 관계를 이해하는 방법은 질문에서 출발한다. 질문과 대답이 오고 가면서 질문자가 동의할 만한 곳에 도착해야 대답이 끝난다. 그리고 그 대답은 또 다른 질문과 만나야 한다. 어찌 보면 인문학(人文學)은 '물을 문(問)'을 넣어서 인문학(人問學)이라 지칭해도 될 듯하다.

『인천 인문학 여행』은 네 가지 소주제로 구성돼 있다.

한문학에서 부평과 계양 지역의 옛 모습을 복원해 보았다. 그곳은 논밭 이랑이 종횡으로 펼쳐(禾田縱橫畝)져 있었고 쭉 뻗은 길, 물, 다리(橋) 등을 한꺼번에 경험할 수 있는 공간이었다. 예컨대 '있는 듯 없는 듯한 산빛(山色有無中)'과 '물소처럼 큰 물고기(游魚大如犀)'를 통해 각각 광활한 들판과 풍부한 수자원을 읽어낼 수 있었던 공간이 부평과 계양이었다.

현대 시조에서는 인천 율목동 출신 시조 작가 최성연의 작품을 소개해 보았다. 그는 시조사(史)에서 전례가 없던 '생활의 리얼리즘'을 그려내려 했던 작가였다. 4·19

혁명, 인천의 5·3민주항쟁 등을 시조로 담아냈는데, 그 스스로 밝혀 왔듯이 '소재의 확대 및 현실의 수용'을 바탕으로 하고 있었다.

설화에서는 연수구 설화의 유형과 특징을 서술해 보았다. 설화의 전승에는 전승층의 의도가 개입되기 마련인데 흥미소, 목적소, 효용소를 중심으로 연수구 설화를 이해할 수 있었다. 「중바위설화」는 「술이 나오는 바위」, 「술이 나오는 산신령 바위」, 「중이 이마로 받았다는 중바위」로 불리기도 하는 사물 명칭 연기(緣起) 설화에 해당한다.

'소재의 확장' 부분은 자유롭게 선택한 인천 인문학 소재로 신문 칼럼에 연재된 것들이다. 지명의 생성, 갑부의 생활 철학, 거인 골격의 거지, 모찌떡 못 먹고 죽은 처녀, 용동 권번 트롯 가수, 섬 팔경(八景), 하천, 솔개트리오 등을 소재로 이야기를 꾸려 보았다.

'다 같이 돌자 동네 한 바퀴'라는 노래를 부르고 골목길에서 뛰어놀았다. 구슬치기, 무궁화 꽃이 피었습니다, 고무줄놀이 등 수많은 놀이를 하며 골목을 쏘다녔다. 그때 왁자지껄했던 골목은 낡고 버려졌지만 여전히 정겹고 빛나는 이야기들이 숨겨져 있는 시공간의 영역이다. 이제 동네 한 바퀴를 돌면서 사람, 자연, 사물에 대해 『인천 인문학 여행』에서 빛나는 이야기를 소개할까 한다.

 소소하고 하찮은 소재들도 인문학 대상이 될 수 있다. 할머니가 간직했던 작은 손가방에 얼마나 많은 이야기가 숨어 있는지. 낡은 동전 몇 닢, 노란 고무줄, 눈깔사탕, 옷핀에서 귀한 이야기를 들을 수 있다. 각각의 사물들을 자세히 보고 오래 보면 할머니의 모습도 그려낼 수 있을 것이다. 그 다음에 할머니께 무슨 말을 건네야 할지는 각자의 몫이다. 비로소 인문학(人文學)이 인문학(人間學)으로 전환되는 순간이다.

2023년 6월 감성 서재에서

목차

책머리에   4

한문학
저문 산 어두운 연기에 물은 길기만 하고

한시(漢詩)에 나타난 부평과 계양   14
  1. 머리말   14
  2. 특정 지역으로 들어오며   15
  3. 지역에 머물며   24
  4. 지역을 떠나며   33
  5. 결론   40

**김용(金涌)이 부평 떠나며 지은 노래 13장
(富平歌十三章)**   43
  1. 머리말   43
  2. 사림파 도학자로서의 김용의 가치 지향   45

3. 부평 경험이 계기된 경우들	52
4. 결론	75

현대 시조

눈을 감고서는 아무리 무엇을 찾으려 해도 보이는 법이 아닙니다

최성연의 인천 시조(時調)에 대하여	**80**
1. 머리말	80
2. 소안의 시조관(時調觀)	82
3. 인천 시조들	90
4. 결론	114

소안 시조의 현대 시조 문학사적 위상	**117**
1. 머리말	117
2. 생활 시인의 시조관(時調觀)	119
3. 시조 쓰기의 변모 과정과 현실 인식	123
4. 소안 시조의 위상	147
5. 결론	151

설화

고갯길 넘어서기 전에 목마름을 해소할 수 있는 샘물은 너무나 고마운 대상이다

연수구 설화의 유형과 특징   156
   1. 머리말   156
   2. 연수구 설화의 유형   157
   3. 연수구 설화의 특징   161
   4. 결론   172

소재의 확장

인천이라 제물포 살기는 좋아도

   수로(水路) 부인, 물길 부인
   - 지명을 이해하는 한 방법   176
   젊은이 늙은이 마음껏 놀아보세
   - 능허대 풍경   181
   인천 갑부(甲富) 이야기,
   「김부자전(金富者傳)」   186
   신미양요 150주년 즈음에   190

모찌떡 하나 못 먹고 죽은 처녀 - 인천 지방 유행 동요	195
인천 권번 출신의 트롯(Trot) 가수	199
인천 개항장의 거지(걸인, 乞人), 채동지(蔡同志)	203
지속 가능한 섬을 위하여 - 인천팔경과 섬[島]	207
섬 정책과 조이불망(釣而不網)	211
꿈같은 대청도 근해의 고래잡이 - 신화처럼 소리치는 고래 잡으러	215
조강(祖江)의 물이 서해 5도의 어장으로 흘러	218
하천(河川)이 살아야 도시가 산다	223
솔개의 아직도 못다 한 사랑	228

저자의 집필 도서 목록   **231**

己卯四月日。得掛陽守將渡祖江
有作。

晚山煙膴水漫漫。灘險風狂得渡難。命薄如今
遭謫去。尚難拚却望長安。

한문학

저문 산 어두운
연기에 물은
길기만 하고

한시(漢詩)에 나타난 부평과 계양

1. 머리말

 작자가 특정 공간에 들어와 머물다가 그곳을 떠나는 것과 관련된 한시를 남기는 경우는 흔하다. 이런 과정을 통해 작자(혹은 여행자)는 해당 공간에 대해 이미 알고 있는 것(既知)을 확인하거나 전혀 몰랐던 부분(未知)을 깨달을 수 있다. 이른바 특정 공간에 '들어와 머물다가 떠나는' 일은 해당 장소에 대한 기지와 미지를 인식하고 탐색하는 과정이다. 작자의 기지와 미지의 대상은 자연 경관뿐 아니라 그 속에서 살아가는 사람들의 삶의 모습과 애환도 포함되기 마련이다.

 한시(漢詩)에는 이런 사례들이 흔히 나타난다. 예컨대 김창흡(金昌翕, 1653~1722)이 "산을 말하고 물을 평하고 마음을 논하고 역사를 강하고 옛날을 슬퍼하고 오늘을 풍자한다(談山評水 論心講史 弔古刺今)."[1]고 한 것도 특정

---

1) 『삼연집(三淵集)』 권 19, 「與李喜之」.

공간에 대한 기지(旣知)를 확인하고 미지(未知)를 깨닫는 과정과 다름 아니다.

이 글은 부평이나 계양에 '들어와 머물다가 떠났던' 한시 작자가 해당 공간을 어떻게 받아들였지 살피는 데 목적을 두고 있다. 개인의 정서나 사상 등을 한자에 기대 표현한 것을 작자의 의도대로 온전히 번역하여 이해하는 일은 쉽지 않다. 하지만 해당 공간에 대한 기지와 미지에 대한 인식의 얼개를 복원하는 과정을 통해 부평과 계양에 대한 여느 풍경(風景)을 재구해 낼 수 있을 것이다. 여기서 풍경은 김창흡이 언급한 "談山評水 論心講史 弔古刺今"의 과정이기도 하다.[2]

2. 특정 지역으로 들어오며

특정 지역에 들어오기 직전, 작자는 목적지에 곧 도착하여 쉴 수 있다는 생각을 한다. 조만간에 안식을 취할

---

[2] 풍경 혹은 경물(景物)이 작자(여행자)에게 끼치는 영향은 조동일(「산수시의 경치, 흥치, 이치」, 『한국시가의 역사의식』, 문예출판사, 1993)의 글 참조.

수 있다는 생각이 깔려 있기에 그렇다. 그래서 해당 공간이 기지이건 미지이건 작자는 자신의 시선에 포착된 대상들을 우호적으로 읽어내게 된다. 대상들이 자신의 기지와 동일한지 아니면 얼마나 차이가 있는지 등에 대해 읊게 된다는 것이다.

「기묘년 4월 계양군수가 되어 조강을 건너면서 짓다(己卯四月日得桂陽守將渡祖江有作)」

晩山煙暝水漫漫(만산연명수만만) 저문 산 어두운 연기에 물은 길기만 하고
灘險風狂得渡難(탄험풍광득도난) 험한 여울 미친바람에 건너기도 어렵구나
命薄如今遭謫去(명박여금조적거) 천박한 운명 이제 또 귀양살이 가는 길이지만
尙難拚却望長安(상난변각망장안) 그래도 임금님 향한 마음 버리기 어렵다네[3]

---

3) 이규보(李奎報, 1168~1241)는 고려 중기의 대표적 문인으로 『동국이상국집』을 남겼다. 13개월 동안 계양부사로 머물며 부평 계양 관련 시문을 남겼다. 이에 대해서는 이영태(「이규보 계양시문에 나타

이규보는 계양군수로 부임하는 자신을 '천박한 운명(命薄如今遭謫去)'이라며 규정한다. 오고 싶지 않은 공간에 들어서야 하니 계양도호부로 향하는 것을 '귀양살이 가는 길'로 받아들였다. 그러면서도 마음 한쪽에는 혹여 임금이 명을 거둘지 모른다는 바람도 갖고 있었다. 계양이란 공간은 서울(개성)과 떨어져 있으며, 그곳에서 군수로서 역할을 하는 것이 탐탁지 않았던 것이다. 기지(既知)나 미지(未知)를 거론하기 앞서, 계양이란 장소는 그저 긍정적이지 못한 공간일 뿐이다.

「부평으로 가는 도중(富平道中)」[4]

都護何年破(도호하년파) 도호부는 어느 해에 사라졌나
城闉迷舊基(성인미구기) 성 안의 옛터는 흐릿하네
逢人問奚自(봉인문해자) 사람을 만나 어디에서 왔냐 물으면
立馬志所之(입마지소지) 말을 세워 놓고 뜻 가는 대로 말하리

난 심리 추이」, 『인천 고전문학의 현재적 의미와 문화정체성』, 인천학연구원, 2014)의 글 참조.

4) 특정 지역으로 들어오는 과정과 관련된 한시는 제목을 '○○道中(途中)'으로 명기한 경우가 많다.

樹點州如掌(수점주여장) 나무 점점하여 마을은 손바닥 모양이고
天低嶺似眉(천저령사미) 하늘 낮은 듯 고개는 눈썹 같네
兒童愼奔走(아동신분주) 아이들아 조심해서 뛰어다녀라
浦口板橋危(포구판교위) 포구의 널다리 위태로우니[5]

1~2행은 계양도호부와 계양산성에 대한 진술이다.[6] 도호부는 사라졌고 산성은 관리가 되어 있지 않은 상태이다. 지난날 도호부와 산성은 한강 하류를 관장하는 중요한 군사 거점으로 기능했지만 그러한 기능은 간데없고 옛터의 흔적이 흐릿할 정도로 남아 있었다. 작자가 산성의 옛터에서 마을을 내려다보고 고개[嶺]를 수평으로 조망했다는 점은 손바닥 모양의 마을 주변부에 나무들이 점점이 있고 낮은 듯한 고개가 완만한 눈썹 모양이었다는 데에서 짐작할 수 있다. 산성 아래로 내려와 포구에 이르렀

---

5) 정추(鄭樞, 1333~1382)는 고려 후기의 문신으로 『원재고(圓齋稾)』를 남겼다. 정추의 시문학에 대한 논의는 유호진(「정추 시에 나타난 세계인식과 삶의 자세에 대하여」, 『국어국문학』 129, 국어국문학회, 2001)의 글 참조.

6) 부평의 지명은 시대에 따라 주부토(主夫吐) → 장제(長堤) → 수주(樹州) → 안남(安南) → 계양(桂陽) → 길주(吉州) → 부평(富平)의 순서로 바뀌었다. 그리고 1215년(고종 2)에 계양도호부, 1308년(충렬왕 34)에 길주목, 1310년(충선왕 2)에 부평부로 바뀌었다.

다. 나룻배를 대기 위한 접안 시설의 널빤지 혹은 방축의 널빤지인지 그 위를 뛰어 노는 아이들이 위험해 보였다.

작자는 도호부와 산성에 대한 기지(旣知)를 바꾸어야 했다. 관리되지 않은 것은 그들뿐 아니라 널빤지도 마찬가지였다. '사라졌나, 흐릿하네, 손바닥 모양, 위태로우니'라는 표현도 부평 관련 작자의 기지를 새롭게 하는 것이었다.

「부평으로 가는 도중(富平道中)」

暖日和風晚景淸(난일화풍만경청) 따스한 햇살 고운 바람에 저녁 풍경 맑기만 하고
孤雲遠映碧山明(고운원영벽산명) 외로운 구름 멀리 비추자 푸른 산 밝게 보이네
迢迢客路坪無外(초초객로평무외) 아득한 나그네 길은 거친 들판 너머에 있어
馬首鶬鶊上下鳴(마수창경상하명) 말머리 돌리자 꾀꼬리 위 아래로 날며 울어대네[7]

---

7) 민제인(閔齊仁, 1493~1549)은 조선 중기의 문신으로 『입암집(立巖集)』을 남겼다.

해 떨어지기 전에 목적지에 도착해야 할 작자는 따스한 햇살이 비추는 저물녘의 풍경에 압도되어 말을 멈추어 세웠다. 거친 들판과 그것의 끝에 푸른 산이 보였다. 끝없이 펼쳐진 들판을 보니 자신이 가야 할 나그네 길이 아득하기만 했다. 풍경을 조망하던 나그네는 꾀꼬리의 울음소리를 계기로 정신을 가다듬고 다시 길을 재촉할 수 있었다.

들판과 산은 어느 곳이건 있지만 부평에서 경험한 거친 들판과 푸른 산은 해당 공간을 다른 곳과 변별되게 할 만했다. 해당 지역에 대한 기지이건 미지이건 자신의 갈 길이 '거친 들판 너머에 있'을 정도로 부평은 광활한 곳이었다.

「계양으로 가는 도중(桂陽途中)」

霜飛西候盡(상비서후진) 가을 다하게 서릿발 날리고
澤國氣蕭森(택국기소삼) 습한 지역에는 쓸쓸한 기운 가득하네
雁起秋田闊(안기추전활) 드넓은 가을밭에 기러기 날고
鵰盤暮壑陰(조반모학음) 저물녘 그늘진 계곡의 수리는 움직이지 않네
樵蘇尋古道(초소심고도) 나무꾼은 옛날 산길 찾고
煙火傍寒林(연화방한림) 차가운 숲 언저리엔 저녁연기 피네

家在連山外(가재련산외) 집은 첩첩산중 밖에 있고
遙瞻雲際岑(요첨운제잠) 멀리 구름 속에 산봉우리 보이네

故自羇遊慣(고자기유관) 원래 떠돌이 생활 버릇되어
仍將寵辱齊(잉장총욕제) 은총과 오욕 같이 보려 하네
路長秋草遍(노장추초편) 길은 길게 뻗어 가을 풀로 덮혀 있고
天逈暮山低(천형모산저) 하늘은 멀고 저물녘 산은 낮게 보이네
暖浦留鴻迹(난포류홍적) 따뜻한 포구에 기러기 자취 남아 있고
危橋澁馬蹄(위교삽마제) 위태로운 다리 말도 건너려 하지 않네
孤村客歸處(고촌객귀처) 외로운 마을 나그네 돌아갈 곳인데
日脚赤雲西(일각적운서) 햇살 머금은 붉은 구름 서쪽에 있네[8]

서릿발 날리던 하늘이 붉은 구름 사이로 햇살을 들러 닐 정도로 섬차 개었다. 갑작스럽게 내린 서리는 사냥하던 수리를 멈추게 했고 땔감을 찾던 나무꾼을 산에서 내려오게 했다. 숲 저편에서 솟아 오른 굴뚝 연기도 일과를

---

8) 장유(張維,1587~1638)는 조선 중기의 문신으로 『계곡집(谿谷集)』을 남겼다. 장유에 대한 논의는 오세현(「조선 중기 성리학의 위상과 계곡 장유의 사상적 변모」, 『한국사연구』 156, 한국사연구회, 2012) 의 글 참조.

끝내야 할 정도의 날씨 변화와 관련된 것이었다. 하지만 서릿발이 온데간데없이 사라지고 일상적인 가을 날씨로 다시 돌아왔다. 작자가 응시한 대상들은 서릿발이 내리기 전이건 후이건 조금 전의 일상으로 복귀했다. 잠시 서리가 지나갔을 뿐, 가을 저물녘의 햇살을 머금은 구름은 붉은 빛을 띠며 서쪽에 걸려 있었다. 난데없이 등장한 서릿발이 금방 사라졌다는 것은 '따뜻한 포구(暖浦)'를 통해 재구할 수 있다. 냉기(冷氣)를 머금은 서리가 포구의 물과 부딪혀 온도차에 의해 옅은 안개를 일으킨 모습을 '따뜻한 포구(暖浦)'라 표현했던 것이다. 어찌 보면 '은총과 오욕 같이 보려(寵辱齊)'한다는 심사도 날씨 변화를 계기로 촉발된 것이었다.

'나무꾼, 차가운 숲 언저리, 길은 길게 뻗어, 저물녘 산은 낮게 보이, 위태로운 다리'라는 표현으로 보건대, 작자는 산언저리의 긴 길을 따라 이동하며 주변을 조망하다가 말이 건너기를 저어한 다리에 다다랐다. 다리가 방축의 다리인지 굴포천 지류의 다리인지 알 수 없지만, 작자는 해당 공간에서 산, 들판, 쭉 뻗은 길, 물, 다리 등을 한꺼번에 경험할 수 있었다.

「계양으로 가는 도중(桂陽道中)」

桂陽山色秀晴空(계양산색수청공) 계양산 빛깔은 맑은 하늘에 빼어나고
細菊深楓路不窮(세국심풍로불궁) 들국화와 짙은 단풍길은 끝이 없네
點點海邊鹽戶黑(점점해변염호흑) 바닷가에 소금 굽는 집 점점이 까맣고
村村籬外柿林紅(촌촌리외시림홍) 마을마다 울타리 밖엔 감나무 숲이 붉네
土風屢値凶年惡(토풍루치흉년악) 여러 해 흉년으로 고을 풍속 흉악한데
天勢遙將大野通(천세요장대야통) 하늘의 형세는 멀리 넓은 들판과 통하네
老樹人家如畫裏(노수인가여화리) 고목과 인가는 그림 속 같은데
暮煙搖曳自西東(모연요예자서동) 저녁연기 동쪽과 서쪽으로 흔들거리네[9]

---

9) 윤기(尹愭, 1741~1826)는 조선 후기의 문신으로『무명자집(無名子集)』을 남겼다.

커문 산 어두운 연기에 물은 길기만 하고

작자는 바닷가 마을의 모습을 그림 같다면서 그것의 배후에 있는 흉년을 지적하고 있다. 계양산의 빛깔, 단풍길, 소금 굽는 집, 저녁연기는 평화스러운 마을 풍경이었지만 풍속이 야박해진 원인을 여러 해의 흉년에서 찾고 있다. 하늘과 통할 정도로 넓은 들판이 펼쳐 있더라도 흉년을 이겨낼 방법은 천후(天候)의 조화 이외에 딱히 없었다.

  작자는 대상의 단순한 모습을 그리는 데 머물지 않고, 당시의 인심을 지적하고 있다. 이른바 '오늘을 풍자(弔古刺今)'하고 있는 셈이다. 물론 위의 한시 다음에 위치하고 있는 「계양의 농가에서 묵을 때 주인이 이웃 노인과 창밖에서 말하는 것을 듣고 시로 기록하다(宿桂陽村舍 主人與隣翁語於窓外 詩以記之)」에서 흉년을 아랑곳 않고 탐욕에만 눈이 먼 관리들을 고발하며 마을 풍속이 흉악해진 이유에 대해 장황하게 진술하고 있다.

3. 지역에 머물며

  '○○道中'의 과정을 거친 작자(여행자)는 특정 공간에 머물며 소회를 읊는다. '○○道中'의 상황에서는 주로 눈에 포착된 대상의 특징을 진술하지만 노정(路程)의 긴장이 다소 풀린 상태에서는 응시물에만 머물지 않고 시선을 자신 쪽으로 향하기도 한다.

「통판 정군에게 보이다(示通判鄭君)」

江南地僻作孤囚(강남지벽작고수) 강남 벽지에 외로운 죄인 되어
猶似籠禽不自由(유사롱금불자유) 갇힌 새 자유롭지 못함과 같네
嵐瘴熏人顏漸黑(남장훈인안점흑) 남장이 훈증(熏蒸)하여 얼굴 점점 검어지니
相逢應愧舊交遊(상봉응괴구교유) 옛 친구 만나면 부끄러워지리

계양부사로 있던 이규보는 '갇힌 새 자유롭지 못함과 같'다며 자신을 '외로운 죄인(孤囚)'으로 칭했다. 계양 도착 시기부터 일관되게 자신을 '유배(謫)'와 관련시켰던 만큼 '죄인(囚)'이라는 표현도 그것의 연장에 있다. 예컨대 공무에서 퇴근하여 한가하게 있는 자신에 대해 "백수

로 외로이 갇힘과 같(白首若孤囚)"[10]다며 진술하는 데에서도 확인할 수 있다.

「부평헌에 차운하다(次富平軒韻)」

渺渺西京府(묘묘서경부) 아득한 곳에 있을 서경부
茫茫大野東(망망대야동) 큰 들판 동쪽은 넓디넓기만 하네
禾田縱橫畝(화전종횡무) 논밭 이랑이 종횡으로 펼쳐 있고
山色有無中(산색유무중) 산빛은 있는 듯 없는 듯하네
雀噪千村日(작조천촌일) 해질녘 온 마을에 참새 지저귀고
牛橫一笛風(우횡일적풍) 소 옆으로 젓대 소리 날아드네
驅馳竟何益(구치경하익) 말을 몰아간들 무슨 소용이랴
未免感霜蓬(미면감상봉) 백발이 된 감회 면치 못할 텐데[11]

작자는 광활하게 펼쳐진 부평 들판에 압도되어 있

---

10) 「공청에서 퇴근하여 아무 일 없다(退公無一事)」.
11) 성현(成俔, 1439~1504)은 조선 전기의 관료문인으로 『허백당집(虛白堂集)』을 남겼다. 성현의 시문학에 대한 논의는 홍순석(「허백당 성현 시의 사실주의적 경향」, 『한문학논집』 7권, 근역한문학회, 1989)의 글 참조.

다.[12] 산이 가로막지 않은 '넓디넓은 큰 들판(茫茫大野)'에 대해 '산 빛이 있는 듯 없는 듯(山色有無中)'하다고 표현했다. 그런 공간에 '논밭 이랑이 종횡으로 펼쳐(禾田縱橫畝)'져 있었다. 부평이란 지명이 '평평한 평야(平)'에서 유래했듯이, 작자가 목격한 그곳의 들판은 자신이 예상했던 것을 훨씬 넘어섰다. 들판의 끄트머리 어디쯤에 서경(평양)이 위치한다며 '아득한 곳에 있을 서경부'라는 진술이 이를 증거하고 있다. 넓은 들판에 기대 사는 마을들은 평화롭기만 하다. 마을마다 참새 지저귀고 목동 피리 소리 들리고 있다는 것으로 보아, 추수를 한 이후의 한가한 모습이다. 시각과 청각에 의해 포착한 부평 들판과 마을 정경은 내년은 물론 후년에도 계속될 것 같았다. 이에 비해 자신은 나날이 백발만 늘어간다고 시를 마무리하고 있다.

---

12) 작자는 포천에 있는 고조(高祖)의 묘(墓)를 다녀오면서 '수원 → 부평 → 강화 → 포천 → 부평'의 노정을 밟으며 방문한 곳에 대해 시문을 남겼다.

「부평객관(富平客館)」

終南咫尺望京華(종남지척망경화) 종남산 지척에서 서울을 바라보다
傍海愁聞去路賖(방해수문거로사) 해변가에서 갈 길 멀어 시름겨워 하네
怊悵宦遊春又晚(초창환유춘우만) 슬프다, 벼슬하며 떠돌다 보니 봄은 또 저무는데
夕陽關樹正飛花(석양관수정비화) 해질녘 변방의 나무는 정히 꽃잎 날리네[13]

작자가 1583년 2월 경기수무어사(京畿巡撫御史)의 직책으로 부평에 왔을 때 지은 시이다. 서울(한양) 종남산(남산) 근처에 있다가 바다를 조망할 수 있는 부평에 도착했다. 부평이 첫 파견지였기에 자신의 갈 길에 대해 멀게만 느꼈기에 시름을 운운했던 것이다. 그리고 이런 느낌의 배후에는 '한 해가 저물고 있는데 나는 아직 벼슬살

---

13) 허봉(許篈, 1551~1588)은 조선 선조 때의 문신으로 『하곡집(荷谷集)』을 남겼다.

이 하고 있네'라는 생각이 자리 잡고 있다. 공무를 수행하면서 '슬프다(怊悵)'고 진술한 이유는, 작자의 바람이 '벼슬'보다는 독서(讀書)와 저술 활동에 전념하는 데 있었기 때문이다. 하고 싶은 일을 못하고 있기에 마음속은 항상 '국경의 변방'처럼 추위와 긴장감에 휩싸여 있는 듯했다. 그래서 부평의 꽃나무를 '변방의 나무'로 받아들이며 바람에 꽃잎이 떨어지자 자신의 바람(希望)도 함께 날아가 버렸다고 진술했던 것이다.

「부평관에 머물며 짓다(富平館留題)」

富平形勝冠畿州(부평형승관기주) 부평의 승경은 기주의 으뜸이지만

涼閣端宜倦客留(양각단의권객류) 서늘한 집 끄트머리에 피곤한 객은 머물러야만 하네

槐柳種當前野曠(괴류종당전야광) 홰나무 버드나무 심은 바로 앞의 들판은 넓기만 한데

軒窓開爲北山幽(헌창개위북산유) 창문을 열어 보니 북쪽 산은 그윽하기도 하네

公餘隱几消長日(공여은궤소장일) 공무 여가에 은좌[隱几]에

커문 산 어두운 연기에 물은 길기만 하고

	서 긴 하루 보내다가
睡後哦詩遣漫愁(수후아시견만수)	졸고 나서 시를 읊더라도 걱정만 남네
莫向明朝吹畫角(막향명조취화각)	내일 아침엔 뿔피리 불지 마라
盈庭造備白人頭(영정조비백인두)	뜰에 가득한 조비(造備)가 사람의 머리 세게 하기에[14]

  작자는 추고경차관(推考敬差官)으로 부평에 와서 자신이 담당한 옥사(獄事)가 쉽지 않다는 것을 예상하고 있다. 하루 종일 일에 매달려도 끝이 보이지 않으니 마음은 답답하기만 했다. 간혹 의자에 기대 졸기도 하지만 깨고 나면 산더미처럼 쌓인 일거리가 자신을 기다리고 있었다. 내일 아침에 불어댈 기상 피리 소리를 원망할 정도로 검토해야 할 일이 많았다. 실제로 죄를 심문하기 전에 사건에 관계된 사람과 물건을 갖추어 놓는 것을 조비(造備)라 하는데, 그것이 뜰에 가득했다. 게다가 부평의 승

---

14) 김용(金涌, 1557~1620)은 조선 중기의 문신으로 『운천집(雲川)』을 남겼다.

경(勝景)이 작자를 둘러싸고 있었으니 마음이 더욱 착잡할 수밖에 없었다. 넓디넓은 들판과 그윽한 산을 통해 보건대 '부평의 승경은 기주의 으뜸'이었다. 그런 공간에서 복잡한 일을 담당해야 하니, 자신은 표현한 대로 '피곤한 객(倦客)'이었다.

  작자에게 '부평의 승경이 기주의 으뜸'은 '기지'에 해당하지만 공무가 쉽게 풀리지 않아 그것을 즐길 여유가 없었다. 하지만 공무를 마친 후, 부평에 대한 인상은 기지를 넘어서는 것이었기에 이른바 '부평예찬'이라 칭할 수 있는 부평 노래 13장(富平歌十三章)을 남겼다.

「부평 별서에서 짓다(題富平村莊)」

煙村出沒兩三家(연촌출몰량삼가) 연기 낀 마을에 두세 집 보일 듯 말 듯
斷隴平堤一逕斜(단롱평제일경사) 끊어진 언덕과 평평한 제방, 굽어 있는 길 하나 있네
宦路十年愁不禁(환로십년수불금) 벼슬길 십 년 동안 근심 끊이지 않았건만

커문 산 어두운 연기에 물은 길기만 하고

田家半日興何多(전가반일흥하다) 농가의 생활 반나절 만에 흥이 어찌 이리 많나
小姑汲井炊香粳(소고급정취향갱) 작은 며느리 물 길어 향긋한 밥을 짓고
稚子搜林摘露苽(치자수림적로고) 아이는 수풀을 뒤져 이슬 머금은 부추를 따네
聖主鴻思無遠邇(성주홍사무원이) 임금의 커다란 은혜 멀고 가까운 게 없으니
大平佳節醉酣歌(대평가절취감가) 태평세월에 술 취해 노래 부르네[15]

길은 굽어 있고 언덕이 끊어져 있으며, 보일 듯 말 듯한 두세 채의 집이라는 표현으로 보아 별서는 사람의 왕래가 드문 곳에 위치하고 있었다.[16] 작자는 벼슬길에 있을 때 경험할 수 없는 현재의 상황에 대해 '흥이 어찌 이리 많'냐며 만족감을 드러내고 있다. 흥은 상 위에 오른

---

15) 이식(李湜, 1458~1488)은 조선 전기의 왕실 종친으로 자는 낭옹(浪翁), 호는 사우정(四雨亭)이다. 할아버지는 세종대왕이고 아버지는 계양군(桂陽君) 이증(李增)이다. 『사우정집(四雨亭集)』을 남겼다.

16) 별서의 이름은 작자의 호(號) 사우정(四雨亭)인 듯하다.

밥과 부추 반찬을 계기로 촉발되었다. 밥 지을 물을 길어 오는 작은며느리의 수고를 알았기에 밥 냄새를 '향긋한 (香)'으로 표현했고 부추를 따는 아이를 보았기에 부추의 싱싱함을 이슬(露)에 기대 나타냈던 것이다.

이식(李湜)은 「부평 별서에서 짓다(題富平村莊)」라는 제목으로 한시를 3편 남겼다. 별서 주변에 대해 산과 물이 겹쳐(山水重) 있고 들판은 은사(隱士) 화정의 서호(湖野)를, 주변의 산은 시인 소동파가 기거하던 백학봉을 방불케 한다고 표현했다. 그리고 「정중에게 부치다(寄正中)」라는 시에서는, 물소만한 물고기(游魚大如犀)를 낚아 회를 뜨고(釣來爲玉膾) 부추에 버무려서(韭萍爲香虀) 먹을 수 있는 곳이기에 새장 속에서 벼슬하는 자들은 이런 즐거움을 알 수 없으니, 시 잘 짓는 그대와 더불어 귀거래해서 지내고 싶다(我欲與之歸 遊山偕杖藜)며 진술하고 있다.

4. 지역을 떠나며

'지역을 떠나며' 지은 한시에는 해당 공간에 대한 기지를 바로 잡거나 미지에서 벗어난 모습을 드러내기 마련이다. 작자는 머물며 경험한 것을 계기로 자신의 기지에 대해 보완하고 수정할 수 있다.

「계양 망해지(桂陽望海志)」

처음 내가 이 고을 수령으로 좌천되어 올 때 망망대해의 푸른 물을 돌아보니 섬 가운데 들어온 듯하므로 기분이 매우 좋지 않아서 머리를 숙이고 눈을 감고 보려 하지 않았다. 2년 후 6월에 문하성의 낭관에 제배되어 장차 날짜를 정하여 서울로 가게 되니, 전일에 보던 망망대해의 푸른 물이 다 좋게만 보였다. 그래서 바다를 바라볼 수 있는 곳은 모두 놀러 가 보았다.[17]

이규보는 '수령으로 좌천되어 올 때'에는 '기분이 매우 좋지 않아서 머리를 숙이고 눈을 감고 보려 하지 않'았지만 서울로 부름을 받고 난 후에는 '전일에 보던 망망대해의 푸른 물이 다 좋게만 보였'다고 한다. 특정 지역에 들

---

17) 始予謫守是州 環顧水之蒼然浩然者 疑入島嶼中 悒悒然不樂 輒低首閉眼不欲見也 及二年夏六月 除拜省郞 將計日上道 以復于京師 則向之蒼然浩然者 皆可樂也 於是凡可以望海者 無不遊踐.

어왔을 때의 바다가 떠날 즈음의 바다와 다를 리 없지만 자신이 처한 상황의 심리에 따라 달리 보였던 것이다. 어쨌건 작자는 지역을 떠나며 시선에 포착된 것들을 '다 좋게만 보'았던 것이다.

김용(金涌, 1557~1620)은 추고경차관의 임무를 마치고 서울로 향해야 했다. 하지만 '눈앞에 있는 제일강산(第一江山列眼前)'을 두고 떠날 생각을 하니 마음이 편치 못했다. 아이에게 지필(紙筆)을 가져오게 하여 부평과 관련하여 자신이 느낀 것을 모두 13장(章)의 노래로 표현했다.

「부평 노래 13장(富平歌十三章)」

百爾所思(백이소사) 백방으로 생각해도
不如我所之(불여아소지) 내가 갈 곳이네
臨河河上三間舍(임하하상삼간사) 강변 강물 위의 세 칸 집에 있으니
第一江山列眼前(제일강산렬안전) 제일강산이 눈앞에 나란히 있네
無邊風景誰爭者(무변풍경수쟁자) 끝없는 풍경을 누가 다툴까
倘佯隨意採或釣(상양수의채혹조) 맘대로 배회하며 나물 캐거나 낚시하겠네

鮮食美茹無不可(선식미여무불가) 좋은 고기와 반찬 없는 게 없고
三杯濁醪有妙理(삼배탁료유묘리) 석 잔의 막걸리에 묘한 이치가 있네
縞衣綦巾聊樂我(호의기건료악아) 흰 저고리 쑥색 수건을 쓴 여인이여 나를 즐겁게 하네
理亂黜陟了不聞(이란출척료불문) 이란과 출척을 끝내 듣지 않더라도
淳風不在結繩下(순풍불재결승하) 순박한 풍속은 결승(結繩, 문자 이후의 시대) 아래 있지 않네
閒閒此間有何事(한한차간유하사) 한가한 사이에 무슨 일 있겠나
淨几明窓絶塵累(정궤명창절진루) 깨끗한 탁자 맑은 창가에 티끌 하나 없어
盥手開卷儼相對(관수개권엄상대) 손 씻고 책을 펴고 엄숙히 마주하더라도
所慕之人咸在此(소모지인함재차) 사람에게 바라는 바는 모두 여기에 있네[18]

---

18) 해당 한시의 제목은 '富平館銜命仍留推考已畢兀左竟夕坐右無可與語者 畏日苦長 煩襟怏鬱 欹枕一睡之餘 不勝歸思 呼童供紙筆 賦我所思 歌十三章 其辭曰'로 노래를 지은 배경이 장황하게 설명돼 있다. 필자가 제목에 해당할 만한 것을 집자(集字)하여 '부평노래 13장(富平歌十三章)'으로 부기하였다.

위의 제13장 전편(前篇)을 통해 보건대 부평은 작자의 눈과 입, 그리고 마음을 즐겁게 했던 공간이었다. 눈에 포착된 부평의 승경들은 평소에 자신이 바라던 것들이었다. 맘대로 배회하며 낚시하고 온갖 반찬에 막걸리, 흰 저고리에 쑥색 수건의 여인 등등. 게다가 '이란과 출척(공무원에 대한 평가)'를 내릴 필요 없고, 소박한 정치라도 개입[結繩, 문자 이후의 시대]될 여지가 없을 정도로 순박한 부평의 인심이 더욱 좋았다. 특히 '구름처럼 몰려든 여자들이 있다 해도 나를 즐겁게 하는 것은 흰 저고리 쑥색 수건을 쓴 여인(縞衣綦巾聊樂我)'이라는 『시경(詩經)』의 구절을 견인하여 부평 여인을 그려낸 것이 주목된다. 비록 가난하고 누추하나 그런대로 스스로 즐길 수 있는 여인을 지칭하는 게 '흰 저고리 쑥색 수건(縞衣綦巾)'이란 표현이다. 작자는 부평의 여인들을 통해 『시경』의 구절을 기억해 냈던 것이다. 그래서 '사람에게 바라는 바는 모두 여기' 부평에 있다며 제13장 전편을 마무리하고 있다.

洋洋左右有餘師(양양좌우유여사) 좌우에 충만할 정도로 스승이 있고
格言嘉謨如掌指(격언가모여장지) 격언과 좋은 계책은 손으로

　　　　　　　　　　　　　　　　가리키는 대로 있네

千載芳蹤亦可尋(천재방종역가심) 천 년의 아름다운 자취 역시 찾을 수 있고

佳處萬里如身履(가처만리여신리) 경치 좋은 곳 만 리는 내가 가 본 것 같네

此外紛紛何足道(차외분분하족도) 이밖에 분분하게 말해 무엇 하리

觀於海者難爲水(관어해자난위수) 바다를 본 자는 물 되기 어렵다네

優游於此足以送餘齡(우유어차족이송여령) 이곳에서 유유자적 남은 인생 보내기에 족하지

所冀身無大過耳(소기신무대과이) 바라노니 몸에 큰 허물이 없으니

噫乎吾舍此復何歸(희호오사차부하귀) 아, 여기를 버리고 다시 어디로 갈꼬

歸歟歸歟多樂事(귀여귀여다악사) 돌아가리 돌아가리 즐거운 일 많은데

明朝掛冠便拂衣(명조괘관편불의) 내일 벼슬을 그만두고 옷자락 털어낼 터

取筆書之所以志(취필서지소이지) 붓을 잡아 생각한 것을 쓰네

  제13장 후편(後篇)에서도 부평을 예찬하고 있다. 작자가 스승으로 삼기에 족할 정도로 조망 대상들이 충만하게 전개돼 있었다. 넓은 평야와 그것의 가장자리에 있는 산은 과거에 '산빛이 있는 듯 없는 듯하다(山色有無中)'며 성현(成俔, 1439~1504)이 부평에 대해 남겼던 인상과 별반 다르지 않다. 그래서 '천 년의 아름다운 자취'를 운운하며 이곳의 지명이 주부토(主夫吐)에서 출발하여 부평(富平)으로 정착된 과정을 기억해 냈다. 특히 '이밖에 분분하게 말해 무엇하리, 바다를 본 자는 물 되기 어렵다'며 『맹자(孟子)』의 특정 구절을 견인하여 부평의 경관을 진술하는 부분이 이채롭다. 그것은 '공자가 노나라 동산에 올라가 노나라를 작게 여겼고, 태산에 올라가 천하를 작게 여겼다. 그러므로 바다를 본 자는 물이 되기 어렵다'[19]는 구절이다. 『맹자』 진심 상(盡心上)의 구절이 성인의 도가 큼을 나타내려는 표현이었다면, 김용(金涌)은 부평의 좋은

---

19) 『맹자』 盡心上, 孔子登東山而小魯 登太山而小天下 故觀於海者難為水.

경치를 이미 봤으니 딴 데 가 봐야 소용없다는 뜻으로 구사하고 있다. 결국 '여기를 버리고 다시 어디로 가겠냐'며 부평의 경관을 예찬하는 데로 귀결되었던 것이다.

맡은 일을 마무리하고 서울로 떠나야 할 사람이 과도한 수사를 동원하여 부평에 대해 읊고 있다는 점을 감안하더라도 김용에게 부평은 꽤나 인상이 깊었던 공간이었다. 그래서 『시경』과 『맹자』의 구절을 통해 그것을 더욱 강조했던 것이다.

5. 결론

부평과 계양 관련 한시를 일별해 보았다. 이를 위해 시간순으로 '특정 공간에 들어오며, 지역에 머물며, 지역을 떠나며'라는 목차에 따라 한시를 나누어 살폈다.

'특정 공간에 들어오며'에 해당하는 한시에서 작자의 시선에 포착된 대상들은 이규보를 제외하고는 작자의 기지이건 미지이건 상관없이 우호적으로 나타났다.[20]

---

20) 이규보의 경우는 오고 싶지 않은 계양에 왔기에 기지나 미지에 대

'지역에 머물며'와 관련된 한시에서 작자는 시선을 응시물에만 두지 않고 그것을 자신 쪽으로 향하기도 했다. 대상의 모습을 진술하고 마지막에 이르러 자신의 처지를 읊었다는 것이다. 더 나아가 "오늘을 풍자(弔古刺今)"하는 방식에 기대 해당 지역의 인심이 흉악해진 이유에 대해 지적하기도 했다. '지역에 머물며'에서 자신의 별장에서 장기간 머물며 해당 지역이 귀거래 할 만한 곳이라며 경관의 흥취를 읊었던 이식(李湜)의 「부평 별서에서 짓다(題富平村莊)」의 3편도 있었다. 끝으로 '지역을 떠나며'와 관련된 한시를 대표하는 것으로 김용(金涌)의 「부평 노래 13장(富平歌十三章)」이 있었다. 비록 몇 개월 동안 공무로 머물렀지만, 부평 생활과 관련하여 자신이 느낀 것을 모두 13장의 한시에 담아냈다. 제12장에서는 '제일강산이 눈앞에 나란히 있'다거나 '순박한 풍속은 결승(結繩) 아래 있지 않'으니 '사람에게 바라는 바는 모두 여기에 있'다고 했던 것이다. 물론 '경치 좋은 곳 만 리는 내가 가본 것 같'지만 '여기를 버리고 다시 어디로 가냐'며 제13장

한 적용이 쉽지 않다. '지역에 머물며'와 '지역을 떠나며'의 경우도 마찬가지인데 그의 이러한 심리에 대해서는 이영태, 앞의 글, 참조.

을 마무리하기도 했다.

    한시를 검토해 보건대, 부평과 계양 지역은 논밭 이랑이 종횡으로 펼쳐(禾田縱橫畝)져 있었으며 그에 따라 쭉 뻗은 길, 물, 다리(橋) 등을 한꺼번에 경험할 수 있는 공간이었다. 예컨대 '있는 듯 없는 듯한 산빛(山色有無中)'과 '물소처럼 큰 물고기(游魚大如犀)'를 통해 각각 광활한 들판과 풍부한 수자원을 읽어낼 수 있었던 공간이 부평 계양이었다.

    부평 계양 관련 한시에서, 아직 한역(韓譯)하지 못한 부분이 남아 있다. 이를 모두 한역하여 해당 지역의 주민들에게 공공의 기억이 되도록 해야 한다. 지역의 문화정체성은 지역민들 간에 공유하는 기억에서 촉발되기에 그렇다.

『기전문화연구』 37집, 경인교대, 2016.

김용(金涌)이 부평 떠나며 지은 노래 13장 (富平歌十三章)

- 부평의 경험에서 계기된 것을 중심으로 -

1. 머리말

  이 글은 김용(金涌, 1557~1620)이 부평을 떠나며 지은 노래 13장(富平歌十三章) 중에서 일부분을 번역 및 해설하는 데 목적이 있다.[1] 작자는 광해 6년(1614) 옥사(獄事)를 추고하는 경차관으로 부평에 와서 수십 일 동안 머물며 부평 객관과 인천 관아 주변에 대한 소회를 한시(漢詩)로 담아냈다. 특히 임무를 마치고 서울로 향하기 직전 부평에 대한 인상에서 촉발된 소회를 13장의 장편 한시로 남겼는데 그 안에는 광활한 들판, 매사냥, 활쏘기, 산, 넓은 바다, 임진년의 기억, 계문 작성, 낚시, 쑥색 수건의

---

[1] 김용(金涌)은 조선 중기의 문신이다. 1590년(선조23) 증광문과에 급제한 후 이조좌랑, 체찰사종사관(體察使從事官) 등을 역임하였다. 저서에 『운천집(雲川集)』, 『운천호종일기(雲川扈從日記)』 등이 있다.

아낙네, 천 년의 아름다운 자취 등을 소재로 하고 있다. 작자가 미래의 귀거래적 삶을 꿈꾸면서 등장시킨 각각의 소재들이 우연의 일치인 듯 현재 떠나야 할 공간의 특성과 밀접하기에 그것들이 부평에 대한 경험에서 계기된 것임을 짐작할 수 있다.

하지만 김용 한시에 대한 연구는 흔하지 않다. 부평과 계양의 한시를 소개한 부분에서 간략하게 언급되었을 뿐,[2] 부평 떠나며 지은 노래 13장에 대한 번역과 해설은 아직 학계에 보고된 바 없다. 부평 지역과 관련된 한시를 운운할 때 먼저 이규보(李奎報, 1168~1241)를 떠올리지만,[3] 소재의 다양성에 있어서는 김용이 결코 뒤지지 않는다.

---

2) 이영태, 「옛 한시(漢詩)에 나타난 '부평과 계양' 지역의 풍경」, 『기전문화연구』 제37집, 경인교대. 2016. 해당 글은 인천학연구원 월례발표회(2016년 11월)의 발제문을 수정한 것이다.

3) 이영태, 「이규보 계양시문에 나타난 심리 추이」, 『인천 고전문학의 현재적 의미와 문화정체성』, 인천학연구원, 2014.

2. 사림파 도학자로서의 김용의 가치 지향

김용의 생몰 시기는 사림파가 네 차례의 격렬한 사화(士禍)를 거친 후 안정기에 접어든 때에 걸쳐 있다. 사림파에 대한 개념 규정이 시선에 따라 결을 달리하여 나타나지만 다음을 통해 그것의 대강을 이해할 수 있다.

> 사림파들이 특히 실천하고자 했던 지식(이론)은 … 『대학』의 이른바 '수신제가치국평천하'의 이념에서 드러나는 것처럼 인간과 사회에 관한 것이었다. 그들은 사람됨의 뜻을 깨우쳐 자아를 완성하고, 더 나아가 그에 입각하여 이른바 '堯舜君民'의 사회를 실현하고자 하였다. 그들이 내걸었던 '인격의 완성과 이상사회의 실현(內聖外王)'이나, 또는 '자아의 완성과 타자의 성취(成己成物)'라고 하는 이념이 또한 이를 잘 말해준다.[4]

이러한 경향은 유교 경전을 독서한 자들이 대부분 견

---

4) 김기현, 「사림파 도학자들의 실천 정신과 그 굴절」, 『국학연구』 9, 한국국학진흥원, 2006, 23~24면.

지하고 있었으나 사림파의 경우는 실천하려는 의지가 여타 시대의 유학자들에 비해 강렬했다. 관념적인 유학에 머물지 않고 요순, 공맹의 도를 계승하여 그것을 사회에 실천하려는 의지가 대단하여 "도학이란 성리학의 토양에서 자라난 가치 지향의 래디컬리즘이라 하여도 무방"[5]하다고 평가를 받기도 했다. 하지만 사림파 도학자들의 '가치 지향'이 모두 동일하지는 않았다. 예컨대 모순된 현실에서 탈피하여 안빈낙도의 삶을 추구한 서경덕(1489~1546), 훈척 세력과의 타협을 거부한 채 극한적인 대립각을 세웠던 남명 조식(1501~1572), 비판적 자세를 유지한 가운데 일정한 타협을 통해 개혁의 가능성을 타진했던 퇴계 이황(1501~1570), 참여 속의 개혁을 지향한 율곡 이이(1536~1584) 등의 경우에서 결을 달리하는 지향점을 확인할 수 있다.[6]

사림파 도학자들의 경향성 중에서, 김용의 경우는 퇴계의 경우와 관련돼 있다. 무엇보다 김용의 『운천집(雲川集)』에 그의 숙부 학봉(鶴峯) 김성일(金誠一, 1538~1593)

---

5) 윤사순, 『한국유학논고』, 현암사, 1980, 65면.
6) 설석규, 『조선중기 사림의 도학과 정치철학』, 경북대출판부, 2009, 9~10면.

의 사유가 반영된 모습이 자주 등장하고, 학봉이 퇴계의 수제자였기에 그렇다.[7] 학봉은 자신의 정치 활동과 현실 대응에 대한 자세를 사촌 혹은 외사촌의 형제들에게 강조했는데, 형제·친구·부모·군신의 예와 의에 대한 충고가 그것이다. 그러한 충고의 중심에는 퇴계의 가르침이 자리 잡고 있었다. 물론 김용이 퇴계의 손녀와 혼인한 것도 이와 무관하지 않다.

다음은 김용의 생애를 간략하게 제시한 것이다.[8]

1557년(명종 12) 11월 4일 안동 일직현 구미리에서 출생
1573년(선조 6) 퇴계의 손녀와 혼인
1590년(선조 23) 증광문과에 병과로 합격
1592년(선조 25) 왜란이 일어나자 동생 김철과 의병을 일으킴
1593년(선소 26) 숙부 학봉 김성일이 졸하다
1599년(선조 32) 선산 부사가 되다

---

7) 퇴계학파는 309명의 퇴계문인으로 구성돼 있는데, 이 중에서 서애, 월천, 학봉을 영수(領袖)로 대우하였다. 『퇴계선생언행록』에 가장 많은 기록을 남긴 자가 학봉이었다. 이동기, 「학봉 김성일의 기록에 나타난 퇴계상」, 『동아인문학』 28, 동아인문학회, 2014, 560면.

8) 김용의 생애는 한국고전종합DB(http://db.itkc.or.kr/)를 참고하여 작성하였다.

1605년(선조 38) 상주 목사가 되다

1612년(광해군 4) 학봉 선생 언행록을 짓다

1613년(광해군 5) 봉상시 정(正)이 되다. 선조실록 편수에 참여

1614년(광해군 6) 추고경차관으로 부평에 오다

1615년(광해군 7) 무과참시관, 무과전시 대독관, 병조참의가 되다

1616년(광해군 8) 여주 목사가 되다

1617년(광해군 9) 큰아들 김시주를 곡하고 환향(還鄕)하다

1619년(광해군 11) 사은 부사가 되었으나 나아가지 않다

1620년(광해군 12) 졸하다

    1614년(광해군 6) 김용이 추고경차관으로 부평에 왔다. 태상시의 제사를 담당하던 작자가 옥사(獄事)에 대한 추고를 위해 경차관의 임무를 맡아 부평에 온 것이었다. 추고에 대한 결과를 계문(啓聞)한 후, 조정의 결정을 기다리는 수십 일 동안 부평 관아와 인천 관아를 한가롭게 오고 가며 시문을 남겼다.

「부평관에 머물며 짓다(富平館留題)」

富平形勝冠畿州(부평형승관기주) 부평의 승경은 기주의 으뜸이지만
涼閣端宜倦客留(양각단의권객류) 서늘한 집 끄트머리에 피곤한 객은 머물러야만 하네
槐柳種當前野曠(괴류종당전야광) 홰나무 버드나무 심은 바로 앞의 들판은 넓기만 한데
軒窓開爲北山幽(헌창개위북산유) 창문을 열어 보니 북쪽 산은 그윽하기도 하네
公餘隱几消長日(공여은궤소장일) 공무 여가에 은좌[隱几]에서 긴 하루 보내다가
睡後哦詩遣漫愁(수후아시견만수) 졸고 나서 시를 읊더라도 걱정만 남네
莫向明朝吹畫角(막향명조취화각) 내일 아침엔 뿔피리 불지 마라
盈庭造備白人頭(영정조비백인두) 뜰에 가득한 조비(造備)가 사람의 머리 세게 하기에

옥사에 대해 추고를 하기 위해서는 사건과 관련된 사

람을 심문하고 서류와 증거물들을 확인해야 했다. 이런 일련의 과정을 조비(造備)라 지칭하는데 그것이 뜰에 가득하여 머리털이 셀 정도(白人頭)라고 한다. 온종일 공무에 매달려도 일이 끝날 것 같지 않았다. 내일 아침에 불어댈 기상 뿔피리 소리를 탓할 정도로 옥사에 대한 추고가 쉽지 않았다. 게다가 '부평의 승경이 기주의 으뜸(富平形勝冠畿州)'이었기에, 그런 공간에서 공무에 싸여 있었으니 마음이 답답하기만 할 뿐이었다. 부평에 대해 익히 승경이라 들었지만 막상 그곳에 와서 보니 '넓디넓은 들판(野曠)'과 객사 뒤에 위치하고 있는 '계양산의 그윽함(北山幽)'은 승경이라 칭할 만했다. 승경에서 복잡한 옥사를 추고하고 있기에 작자는 자신을 '피곤한 객(倦客)'으로 표현했다. 그렇다고 해서, 작자가 자신이 소임을 게을리 했던 것은 아니었다.

「인천 객관에서 우연히 읊다(仁川客館偶吟)」

寥落邵城館(요락소성관) 쓸쓸한 인천 객관
幽如隱者莊(유여은자장) 은자의 집인 듯 조용하네
苔封留址礎(태봉류지초) 이끼는 주춧돌을 덮고

藤蓋倚山墻(등개의산장) 덩굴은 담장에 기대어 있지만
田鶴暮爭樹(전관모쟁수) 저물녘 황새는 나무 둥지에서 다투네
海魚朝滿床(해어조만상) 바다 물고기는 아침상에 가득하여
再來銜命客(재래함명객) 왕명을 받들어 다시 온 객은
慚詠伐檀章(참영벌단장) 『시경』의 「벌단장」을 읊조리기 부끄럽기만 하네

추고의 결과를 계문한 후, 그에 대한 조정의 결정을 기다리며 인천 관아를 방문했다. 바닷가 기슭에 위치한 인천 객관은 쓸쓸해 보이되 연원이 오래되어서인지 주춧돌에 이끼가 끼고 담장에는 넝쿨이 뒤덮여 있었다. 마치 추고에 대한 계문의 결과를 기다리는 작자의 마음처럼 조심스러울 정도로 조용하기만 했다. 저물녘에 이르러서도 황새가 다투는 소리가 크게 들릴 정도로 인천 객관은 은자의 집인 양 고요했다(幽如隱者莊).

다음 날 아침상에 생선 반찬이 올라왔다. 그것을 계기로 혹시 자신이 임무를 소홀하게 처리한 것이 없는지 되돌아보았다. 『시경』의 「벌단장」이 "수렵을 안 하면, 어찌 네 집에 달린 메추리를 볼 수 있나. 그래서 군자는 공밥

을 먹지 않네(不狩不獵 胡瞻爾庭有懸鶉兮 彼君子兮 不素餐兮)."이기에 작자는 자신이 추고하여 보고한 내용이 미흡한 게 아닌지 스스로 부끄러워했다.

3. 부평 경험이 계기된 경우들

김용(金涌, 1557~1620)은 임무를 마치고 서울로 향해야 했다. '기주의 으뜸에 해당하는 부평의 승경(富平形勝冠畿州)'을 두고 떠날 생각을 하니 마음이 편치 못했다. 아이에게 지필을 가져오게 하여 「부평 떠나며 지은 노래 13장(富平歌十三章)」을 지었다.[9] 부평을 떠나면서 자신이 그리워하는 바를 추억 및 회상하면서 등장시킨 소재들은 자신이 귀거래 해야 할 공간과 결부되기 마련이지만 그것이 수십 일 동안 머물던 공간에서 경험했던 것과 무관할 수 없었다. 13장에 등장하는 소재 중에서 광활한

---

9) 해당 한시의 제목은 '富平館銜命仍留推考已畢兀左竟夕坐右無可與語者 畏日苦長 煩襟坱鬱 欹枕一睡之餘 不勝歸思 呼童供紙筆 賦我所思 歌十三章 其辭曰'로 노래를 지은 배경이 장황하게 설명돼 있다. 필자가 제목에 해당할 만한 것을 집자(集字)하여 '부평 떠나며 지은 노래 13장(富平歌十三章)'으로 부기하였다.

들판, 매사냥, 활쏘기, 산, 넓은 바다, 임진년의 기억, 계문 작성, 낚시, 쑥색 수건의 아낙네, 천 년의 아름다운 자취 등은 작자의 부평에 대한 경험에서 계기된 진술에 해당한다.

13장 중에서, 작자의 부평 경험과 결부될 수 있는 부분은 아래와 같다.

我所思兮在何許(아소사혜재하허)	내 그리워하는바 어디쯤인가
席上談兵眞好事(석상담병진호사)	자리에서 병법 논하는 것 참으로 좋아하는 일이네
天下中分尙可持(천하중분상가지)	천하가 두 쪽으로 갈려 버틸 수 있어
湘東一目誠堪死(상동일목성감사)	상동왕의 한쪽 눈은 버릴 수 있네[10]

---

10) 황정견(黃庭堅)의 「혁기(奕棊)」라는 시의 구절에 "우연히 공무도 없어 객사에서 쉬다가, 그 자리에서 병법 논하며 바둑 두 판을 두네. 마음은 거미줄이 푸른 하늘에 노니는 듯, 몸은 매미 껍질이 마른 가지에 붙은 듯. 상동왕의 한 눈은 버려도 되니, 판세는 두 쪽으로 갈려 버틸 만하네. 누가 우리들이 날을 아낀다 하였나, 별이

生平其奈欠一絶(생평기내흠일절) 평소에 한 수의 절구 모
자람을 어찌 할까나
不如高枕羲皇地(불여고침희황지) 한가롭게 누운 복희 시대
의 땅과 다름 아니건만[11]

　제3장이다. 황정견(黃庭堅)의 「혁기(奕棊)」라는 시에 나오는 구절에 기대어, 조정에 계문을 올린 후 그에 대한 결과를 한가롭게 기다리던 자신의 상황을 진술하고 있다. 공무가 없어 객사에서 한가롭게 쉬며 바둑을 두는 상황을 「혁기」에서는 "상동왕의 한쪽 눈은 버려도 되니, 판세는 두 쪽으로 갈려 버틸 만하네(湘東一目誠甘死, 天下中分尚可持)"[12]로 나타나는 데 비해, 작자는 그것의 자구를 교체하고 순서를 바꾸어서 자신의 한가한 상태를 나타

기울고 달이 저도 알지 못하거늘(偶無公事客休時 席上談兵校兩棊 心似蛛絲游碧落 身如蝸甲化枯枝 湘東一目誠甘死 天上中分尚可持 誰謂吾徒猶愛日 參橫月落不曾知)."이라고 하였다. 『고금사문류취(古今事文類聚)』전집 권 42, 「奕棊」.

11) 이백(李白)의 「희증정율양(戲贈鄭溧陽)」이란 시에 "맑은 바람이 부는 북창 아래서 스스로 복희씨 시대 사람이라 하네(淸風北牕下 自謂羲皇人)."라고 하였다. 『고문진보(古文眞寶)』전집, 「장난삼아 정율양에게 드리다(戲贈鄭溧陽)」.

12) 『고금사문예취(古今事文類聚)』전집 권 42, 「혁기」.

내고 있다. 다만 바둑의 형세 혹은 병법에서 상대방에게 내어줄 부분은 과감하게 포기할 수 있지만 시 짓는 데 있어서 절구의 모자람은 그럴 수 없다는 것이다. 부평 관아 주변의 모습이 시를 저절로 짓게 하는 승경이었지만 절구를 끄집어내지 못하는 자신이 더욱 답답할 뿐이었다.

복희 시대의 땅은 태고적(太古的)의 한가로운 상황을 가리킨다. 한가로움은 은일(隱逸)의 정취와 관련돼 있는데, 이는 작자 주변에 펼쳐진 부평의 들판을 계기로 작동된 것이었다. 예컨대 부평을 방문한 자들이 "큰 들판 동쪽은 넓디넓기만 하고, 논밭과 이랑은 종횡으로 펼쳐 있다(茫茫大野東 禾田縱橫畝)"[13]거나 "나그네 길은 거친 들판 너머 있어 아득하다(迢迢客路平蕪外)"[14]고 표현하는 데에서 부평 들판의 광활함을 짐작할 수 있다. 그리고 이러한 넓디넓음이 바둑판과 태고적의 복희를 견인했던 것이다.

我所思兮在何許(아소사혜재하허) 내 그리워하는바 어디쯤인가

---

13) 성현(成俔), 『허백당집(虛白堂集)』, 「부평헌에 차운하다(次富平軒韻)」.

14) 민제인(閔齊仁), 『입암집(立巖集)』, 「부평으로 가는 도중(富平道中)」.

臂上蒼鷹騰碧虛(비상창응등벽허) 팔뚝 위의 푸른 매 창공에 올라
繡頸錦翼碎層巒(수경금익쇄층만) 얼룩진 목과 예쁜 날개로 비탈을 깨뜨리자
狡兔氣死林風餘(교토기사림풍여) 약빠른 토끼는 죽고 숲속에는 바람만 감도네
爭雄獵較意消磨(쟁웅렵교의소마) 누가 많이 잡았는지 경쟁하는 마음 사라져서인지
馮婦無由更下車(풍부무유경하차) 풍부(馮婦)는 다시 마차에서 내릴 일 없네

제5장이다. 작자는 매사냥하는 현장을 방문했다.[15] 팔뚝 위에 있던 매는 창공으로 오르더니 이내 비탈을 가르며 토끼를 향해 돌진했다. 이윽고 토끼의 숨통이 멎을 무렵 주변에 섬뜩한 바람이 감도는 듯했다. 사냥이 노획물의 크기나 수량을 통해 상대방과 경쟁하는 행위라 하더

---

15) 작자가 매사냥의 현장에 있었는지 혹은 사냥터를 단순히 답사했는지는 알 수 없다. 다만 부평 지역에서 매사냥과 관련된 장소는 경명현(景明峴, 징매이고개)인데, 부평 관아의 서쪽에 위치해 있다. 그곳에서는 고려 충렬왕 때부터 매방을 설치하여 운영했다. 매를 징매[徵鷹]했다고 하여 징매이(혹은 징맹이) 고개라는 유래도 이와 관련돼 있다.

라도 매의 날카로운 발톱에 허리가 꺾인 채 죽어가는 토끼의 모습은 섬뜩한 바람을 일으킬 만했다. 다만 매사냥 현장에서 돌아와 한시(漢詩)를 지을 무렵 풍부(馮婦)의 고사(故事)가 떠올랐다. 진(晉)나라 풍부라는 사람은 호랑이를 때려잡는 데 능력이 있었지만 뒤에 마음을 바꾸어 선비가 되었다. 어느 날 들판을 지나가던 그가 사람들이 호랑이를 산모퉁이에 몰아 놓고 접근하지 못하고 있는 광경을 목격했다. 그때 풍부가 수레에서 내리자 사람들이 기뻐하였으나 뭇선비들은 이전 버릇을 버리지 못했다며 그를 비웃었다는 고사이다.[16] 매사냥 현장에서는 노획물의 수량이나 크기에 대한 승벽이 마음을 감쌌지만 객관으로 돌아와 붓을 들자 그런 마음이 다소 진정됐기에 풍부를 견인할 수 있었던 것이다.

我所思兮在何許(아소사혜재하허) 내 그리워하는바 어디쯤인가
帿張白雲靑山間(후장백운청산간) 과녁을 백운과 청산 사이에 펴놓고

---

16) 『맹자(孟子)』 진심 하.

分耦決拾鼓如雷(분우결습고여뢰) 패를 나누어 활깍지 부딪는 소리 우레와 같네
君子之爭惟德觀(군자지쟁유덕관) 군자의 경쟁은 오직 덕을 보는 데 있기에
枯腸無復較藝心(고장무부교예심) 마른 창자에 다시 예심을 견줄 길 없어
息交絶遊門常關(식교절유문상관) 교유를 끊고 항상 문 닫아 두네

제6장이다. 작자는 활쏘기 행사를 경험했다. "군자는 경쟁하는 것이 없으나 불가피한 경쟁은 활쏘기뿐이다. 활쏘기 할 때는 서로 읍(揖)하고 사양하면서 당(堂)에 오르고 또 당(堂)에서 내려와서는 술을 마시니 이러한 경쟁이 군자다운 경쟁이다(君子無所爭 必也射乎 揖讓而升 下而飮 其爭也君子, 『논어(論語)』 팔일)"라고 했듯이, 사례(射禮)는 타인과 기량을 다투어서 이기기 위함이 아니라 활쏘기를 통해 심신을 단련하고 기량을 높이기 위한 수양의 한 방법이었다. '군자다운 경쟁'이란 상대에게 패배감을 주는 것이 아니라 군자의 활쏘기처럼 각자가 갈고 닦은 기량을 다 발휘하는 것, 그 자체에 승리의 의미를 두고

서로의 기량을 비교하면서 이긴 상대를 축하해 주고 반대편에게는 벌주를 주면서 격려해 주는 것, 이것이 바로 '군자의 경쟁'이었다. 공자도 '군자는 다투지 않는다'하여 쟁(爭)을 부정적으로 여기고 있으나 인간 사회에서 경쟁을 근원적으로 거부할 수 없다면 어떠한 쟁(爭)이 군자다운 쟁(爭)인가를 군자의 활쏘기를 통해 가르쳐 주었다. 단순히 활 쏘는 기술과 능력을 다투는 게 아니라 뛰어난 인재를 발굴하는 계기가 활쏘기 행사였던 것이다.

  작자는 활쏘기 현장에서 객관으로 돌아왔다. '활깍지 부딪는 소리'가 우레처럼 들리고 '서로 읍(揖)하고 사양하면서 당(堂)에 오르고 또 당(堂)에서 내려와서는 술을 마시'는 '군자다운 경쟁'이 벌어지던 현장과 객관에 있는 자신의 처지를 견주어 보았다. 조정에 계문을 했으나 그에 대한 결과가 빨리 도착하지 않은 것에 대한 조바심 혹은 자신의 계문에 문제가 있지 않았을까 하는 염려 등에 휩싸여 있던 작가는 활쏘기 현장에서 예와 덕의 풍모를 풍기고 있던 참가자들의 모습과 자신을 견주어 보니 그저 부끄럽기만 했다. 벼슬 생활로 말미암아 소진된 예와 덕의 모습을 '마른 창자(枯腸)'라 운운하며 혹여 그들과 교유하다가 자신의 이러한 상황이 그대로 노출될까 저

어했던 것이다.[17)]

    我所思兮在何許(아소사혜재하허) 내 그리워하는바 어디
                                      쯤인가
    仙區異境多三韓(선구이경다삼한) 신선 지역의 기이한 지
                                        경은 대부분 삼한이네
    金剛智異與妙香(금강지이여묘향) 금강산, 지리산, 묘향산
    古稱東海三神山(고칭동해삼신산) 예로부터 우리나라의
                                        삼신산이라 했기에
    王喬應眞手可招(왕교응진수가초) 왕교와 응진을 손으로
                                        부를 만하건만
    我欲蠟屐身無閒(아욕랍극신무한) 나막신 신고 오르려 해
                                        도 짬이 나지 않네

   제7장이다. 신선지역에 해당할 삼신산이 삼한에 있건만 그곳에 오르지 못한 점에 대해 언급하고 있다. 왕교

---

17) 부평에서 군자다운 경쟁과 관련된 곳은 부평향교이다. 1127년(인종 5), 현유(賢儒)의 위패를 봉안 및 배향하고 중등교육과 지방민의 교화를 위하여 계양산(桂陽山) 아래에 향교를 창건하였다. 이 글에서는 작자가 부평 객관에 머물다가 근처에 있는 향교를 방문한 것을 전제로 해설하였다.

(王喬)는 섭현(葉縣)의 수령으로 있으면서 도술(道術)을 부려 자신의 신발을 물오리로 변하게 한 다음에 그것을 타고서 조정으로 날아오곤 했다는 전설과 관련된 자이고,[18] 응진(應眞)은 석장(錫杖)을 날려 허공을 밟고 다녔다는 자이다.[19] 양자 모두 '신발' 혹은 '밟다'처럼 특정 공간으로 이동했다는 고사와 관련된 자들이기에, 자신에게 '짬이 나지 않'아 산에 오르지 못한 것에 대해 아쉬워하고 있는 것이다.

작자가 삼산신을 언급할 수 있었던 계기는 자신이 머물던 부평 객관이 계양산 남쪽 기슭에 위치하고 있던 것과 무관하지 않다. 계양산은 부평의 진산으로 인근 지역 어디서건 조망할 수 있는 산이었기에 그와 관련하여 관찰자들의 소회가 한시에 자주 나타나기도 했다. "계양산의 산빛이 너무나 아름답다(桂陽山色極嬋娟)"[20]거나 "계양산 빛깔은 맑은 하늘에 빼어나다(桂陽山色秀晴

---

18) 『후한서(後漢書)』 권28, 「왕교열전」.

19) 손작(孫綽), 「유천태산부(遊天台山賦)」.

20) 정조(正祖), 『홍재전서(弘齋全書)』, 「부평부 관아에 주정하면서 운자를 불러 읊다(富平府治 晝停呼韻)」.

空)"[21]는 구절들이 이를 반영하고 있다. 물론 인근 지역들의 팔경들 桂山懸瀑(계양팔경), 桂陽孤鐘(부평팔경), 桂陽輪月(서곶팔경)에서 계양산이 등장하는 것도 이와 무관하지 않다.

> 我所思兮在何許(아소사혜재하허) 내 그리워하는바 어디쯤인가
> 碧海漫漫連紫渤(벽해만만련자발) 푸른 바다 넓디넓어 발해와 닿았네
> 鯨鯢戢鱗羲御高(경예집린희어고) 고래는 태양 솟아나기 기다리고
> 鵾鵬擊水雲程闊(곤붕격수운정활) 붕새가 물을 차자 운정이 활짝 열었네
> 長風破浪此其時(장풍파랑차기시) 장풍 타고 물결 헤치는 바로 지금
> 我欲乘舟嗟失楫(아욕승주차실즙) 나는 배에 올랐지만 노를 잃고 탄식하네

---

21) 윤기(尹愭), 『무명자집(無名子集)』, 「계양으로 가는 도중(桂陽道中)」.

제8장이다. 내가 생각한 바가 전개됐지만 미처 나의 준비가 미흡하다고 한다. 발해만까지 전개돼 있을 넓은 바다와 그 속에서 해가 뜨기를 기다리는 고래, 그리고 운정의 길을 열고자 바닷물을 차고 높이 솟은 붕새는 모두 자신이 고대하던 때를 만난 대상들이다. 마침 장풍이 불어 배를 운용하기에 알맞을 즈음, 작자가 배에 올랐지만 물결을 헤치고 나갈 노가 없었으니 난감하기 이를 데 없다. 여타의 대상들이 특정 때를 기다리다가 비로소 각각의 바람을 성취하는 데 비해 작자는 적당한 바람과 물결이 이는 데에도 불구하고 노를 잃은 상태에 있었으니 스스로 탄식할 만도 하다. 모든 여건이 구비되었다 하더라도 내가 준비가 안 됐다면 모든 일은 그것을 예단하지 못한 나의 탓 아니겠는가 하는 진술인 셈이다.

我所思兮在何許(아소사혜재하허)	내 그리워하는바 어디쯤인가
杖劍南北平胡蠻(장검남북평호만)	칼 잡고 남북으로 오랑캐를 평정하네
胸中甲兵藏數萬(흉중갑병장수만)	가슴 속에 수만의 갑병을 숨긴 것은

커문 산 어두운 연기에 물은 길기만 하고

爲國一心明如丹(위국일심명여단) 분명 나라를 위한 마음 일편단심이건만
秋霜種種入鏡頻(추상종종입경빈) 흰 머리털 거울에 종종 들어오고
頭上壯髮凋危冠(두상장발조위관) 삐죽 솟은 흰 터럭은 높은 관(冠) 시들게 하네

제9장이다. 칼로써 오랑캐를 평정하며 나라를 위한 마음을 지니고 싶지만 자신의 모습이 점점 늙어가는 게 아쉽기만 하다. 거울을 볼 때마다 흰머리털이 느는가 싶더니 이제는 관(冠)을 뚫고 삐쭉 솟아난 것들도 눈에 띌 정도로 흰머리가 많아졌다. 작자가 칼, 오랑캐, 갑병 등을 운운한 것은 임진란 때 의병을 모집했던 경험과 관련돼 있다.

지금부터 죽고 사는 일은 마땅히 적을 치거나 치지 못하는 데서 결정되니 나라를 위하는 충성이 어찌 국록을 먹거나 먹지 않음으로 인하여 차이가 있겠는가. 일이 성공하면 신인(神人)에게 분함을 씻을 수 있고 일이 성공하지 못하더라도 헛된 죽음으로 부끄러울 바 아니니 오직 제현들께서

힘쓸지어다.[22)]

　의병을 일으키며 지은 「모병문(募兵文)」이다. 작자는 헛된 죽음이라도 부끄러움이 없다는 생각으로 전쟁에 임했기에 "성을 지키며 왜적을 매우 많이 참획(斬獲)"[23)] 하는 성과를 낼 수 있었다. 물론 모병의 계기는 그의 숙부 학봉 김성일이 보낸 편지를 통해서였다.

　열읍에서 도망하여 숨어만 있는 것은 적에게 항복하거나 붙는 것과 같은 것 … 살아서는 열사가 되고 죽어서는 충혼이 될 것이니, 너희들도 의당 힘써야 할 것이다.[24)]

　여기서 너희들은 학봉의 친조카와 외조카들이다. 학봉은 친가든 외가든 구별하지 않고 효제충신(孝悌忠信)의

---

22) 『운천집(雲川集)』 권3, 「모병문(募兵文)」, 從今死生 當以討賊未討賊而爲決 爲國忠誠 豈因食祿不食祿而有間 事成可以雪憤於神人 不成猶且不愧於徒死 惟諸賢勉之哉.

23) 『학봉집(鶴峯集)』 「연보」, 募兵守城 暫獲甚多.

24) 『학봉집』 권 4, 「조카 김용, 김약, 김철, 유복기, 유인영에게 부치는 편지 [임진년](寄諸姪甥涌瀹澈柳復起柳仁榮[壬辰])」, 列邑竄伏 有同降附 … 生爲烈士 死作忠魂 汝等亦宜勉之.

중요성을 주장해 왔는데, 임진란을 맞아 편지를 통해 조카들에게 그것을 다시 강조했던 것이다. 형제에 대한, 임금에 대한, 친구에 대한 마음이 각각 독자적으로 존재하는 게 아니라 상보적으로 혼용돼 운용된다는 게 학봉의 생각이었다. 그리고 조카들은 학봉의 가르침대로 의병을 모집했던 것이다.

  남북의 오랑캐를 무찌르고 싶은 일편단심은 여전하건만 점차 늙어가는 자신의 처지는 어쩔 수 없었다. 임진년의 기억을 소회로 읊었던 계기는 작자가 머물던 부평 객관에서 불과 2리 밖에 위치하고 있는 계양산성과 무관하지 않다. 산성은 한강의 하류 초입에 위치하고 있었기에 백제, 고구려, 신라의 중요한 군사 거점으로 기능하였다. 고려시대는 물론 조선시대에도 산성으로서 역사, 교통, 통신의 기능을 담당하였다. 여타의 사람들이 부평을 목적지로 삼았을 때 늘 경유해야 할 곳이 산성의 측면 길이었기에 작자도 그리했을 것이다.[25]

---

25) 정추(鄭樞), 『원재고(圓齋稿)』, 「부평으로 가는 도중(富平道中)」, "도호부는 어느 해에 사라졌나, 성 안의 옛터는 흐릿하네(都護何年破 城闉迷舊基)."

我所思兮在何許(아소사혜재하허) 내 그리워하는바 어디쯤
인가
輔我聖明回雍熙(보아성명회옹희) 우리 임금을 보좌하니
태평성대 돌아오네
孝悌忠信而已矣(효제충신이이의) 효제충신이야말로
堯舜君民非外斯(요순군민비외사) 요순의 군민들 바깥에
있게 하지 않지
緘封幾日在骨髓(함봉기일재골수) 함봉(緘封)하여 며칠 동
안 골수에 두었지만[26]
耿耿琅玕空自奇(경경랑간공자기) 애타는 마음 괜히 스스
로 기특하게 여기네

제10장이다. 작가 그리는 바는, 효제충신으로 요순의 시내를 구현하는 데 도움을 주었으면 하는 것이다. 요순의 시대는 태평성대이고 그것을 구현하기 위해서는 신

---

26) 한유(韓愈, 768~824)의 「귀팽성(歸彭城)」에, "부족한 계책 올리고 싶지만, 궁궐에 전혀 길 전혀 없네…. 미나리 아무리 맛있어도, 진상하는 건 어리석은 일이네. 꼭꼭 싸서 골수에 간직한 채, 그래도 훌륭하다며 부질없는 혼자만의 생각일세(我欲進短策 無由至彤墀 … 食芹雖云美 獻御固已癡 緘封在骨髓 耿耿空自奇)"이라고 하였다. 『한창려집(韓昌黎集)』 권 2.

하가 임금을 충성으로써 온전히 보좌해야 한다. 단순히 신하의 책무에 한정된 게 아니라 어버이에 대한 효도(孝道)와 형제(兄弟)끼리의 우애(友愛), 그리고 친구들 사이에서 형성되는 믿음도 임금을 보좌하는 일과 무관하지 않다. '효제충신'이야말로 요순의 군민을 구현하는 방법이었던 것이다.

함봉과 골수를 운운하는 모습은 작자가 추고경차관의 임무를 수행한 후 그에 대한 결과를 조정에 계문한 일과 관련돼 있다. 함봉과 골수는 계문의 내용이 주저리주저리 깨알처럼 보고된 것이 아니지만 그렇다고 성글게 꾸민 것도 아니라 객관적 자료를 통해 작성하였다는 자신감과 관련돼 있다. 계문을 작성하기 앞서 산더미처럼 쌓인 조비를 읽고 관련자들을 심문한 결과를 구구절절하게 기록하지 않고 대강을 중심으로 계문을 작성하여 조정에 보냈다는 것이다.

百爾所思(백이소사) 백방으로 생각해도
不如我所之(불여아소지) 내가 가야 할 곳만 하지 못 하네
臨河河上三間舍(임하하상삼간사) 강변 강물 위의 세 칸 집에 있으니

第一江山列眼前(제일강산렬안전) 제일강산이 눈앞에 나란히 있네
無邊風景誰爭者(무변풍경수쟁자) 끝없는 풍경을 누가 다툴까
倘佯隨意採或釣(상양수의채혹조) 맘대로 배회하며 나물 캐거나 낚시하겠네
鮮食美茹無不可(선식미여무불가) 좋은 고기와 반찬 없는 게 없고
三杯濁醪有妙理(삼배탁료유묘리) 석 잔의 막걸리에 묘한 이치가 있네
縞衣綦巾聊樂我(호의기건료악아) 흰 저고리 쑥색 수건을 쓴 여인이여 나를 즐겁게 하네
理亂黜陟了不聞(이란출척료불문) 이란과 출척의 시끄러운 소리 더 이상 들리지 않으리니
淳風不在結繩下(순풍불재결승하) 태고 순풍은 문자 이후의 시대에 있는 게 아닐세
閒閒此間有何事(한한차간유하사) 한가한 사이에 무슨 일 있겠나
淨几明窓絶塵累(정궤명창절진루) 깨끗한 탁자 맑은 창가에 티끌 하나 없어
盥手開卷儼相對(관수개권엄상대) 손 씻고 책을 펴고 엄숙히 마주하더라도
所慕之人咸在此(소모지인함재차) 사람에게 바라는 바는 모두 여기에 있네

제13장의 전편(前篇)이다. 작자가 부평을 떠나 앞으로 고향 임하(臨河)로 돌아가 다시 경험해야 할 것들에 대한 설명이다. 물론 소회를 읊은 계기가 부평에서 수십 일 동안 경험한 것과 무관할 수 없었다. 소회에 등장하는 것들을 부평의 경험과 결부해 이해할 수 있기에 그렇다. 예컨대 눈에 들어온 승경들은 평소에 자신이 바라던 것들로, 강가의 세 칸 집(河上三間舍), 나물 캐거나 낚시하기(採或釣), 막걸리(濁醪), 쑥색 수건의 여인네(綦巾), 순박한 풍속(淳風), 독서하기(開卷) 등이 그것이다. 게다가 '이란과 출척(理亂黜陟, 공무원에 대한 평가)'를 내릴 필요 없다는 것 또한 추고경차관으로 부평에서 머물던 경험과 관련돼 있다. 특히 "구름처럼 몰려든 여자들이 있다 해도 나를 즐겁게 하는 것은 흰 저고리 쑥색 수건을 쓴 여인(縞衣綦巾聊樂我)"이라는 『시경(詩經)』의 구절을 견인하여 여인네를 그려낸 것이 주목된다. 가난하고 누추하되 자족할 줄 아는 여인을 지칭하는 게 '흰 저고리 쑥색 수건(縞衣綦巾)'이란 표현이라 할 때, 작자가 고향에서 만나 볼 여인네는 부평의 여인네를 통해 촉발될 수 있었다. 그래서 '사람에게 바라는 바는 모두 여기'에서 '여기'는 귀거래의 공간이면

서 그것의 계기는 부평에서 겪은 경험이었던 셈이다.[27]

『여지도』에 보이는 부평 관아, 객사(客舍), 향교, 계양산성, 경명현(징매이고개), 굴포교, 대교, 방축(防築) 등이다. 산과 산 사이, 천계(川溪)들 주변은 대부분 넓은 들판이었다.

---

27) 옛 지도에 나타나는 부평관아는 북쪽에는 계양산, 서쪽에는 서해 바다, 동남쪽으로는 넓은 들판과 하천들이 전개되는 공간에 위치하고 있었다. 이식(李湜, 1458~1488)도 부평에 살면서 「부평 별서에서 짓다(題富平村莊)」라는 제목으로 한시를 3편 남겼다. 부평의 별서 주변에 대해 산과 물이 겹쳐(山水重) 있고 들판은 은사(隱士) 화정의 서호(西湖野)를, 주변의 산은 시인 소동파가 기거하던 백학봉을 방불케 한다고 표현했다. 그리고 「정중에게 부치다(寄正中)」라는 시에서는, 물소만한 물고기(游魚大如犀)를 낚아 회를 뜨고(釣來爲玉膾) 부추에 버무려서(韭萍爲香蘁) 먹을 수 있는 곳이기에 새장 속에서 벼슬하는 자들은 이런 즐거움을 알 수 없으니, 시 잘 짓는 그대와 더불어 귀거래 해서 지내고 싶다(我欲與之歸 遊山偕杖藜)며 진술하고 있다.

洋洋左右有餘師(양양좌우유여사) 좌우에 충만할 정도로 스승이 있고

格言嘉謨如掌指(격언가모여장지) 격언과 좋은 계책은 손으로 가리키는 대로 있네

千載芳蹤亦可尋(천재방종역가심) 천 년의 아름다운 자취 역시 찾을 수 있고

佳處萬里如身履(가처만리여신리) 경치 좋은 곳 만 리는 내가 가 본 것 같네

此外紛紛何足道(차외분분하족도) 이밖에 분분하게 말해 무엇하리

觀於海者難爲水(관어해자난위수) 바다를 본 자는 물 되기 어렵다네

優游於此足以送餘齡(우유어차족이송여령) 이곳에서 유유자적 남은 인생 보내기에 족하지

所冀身無大過耳(소기신무대과이) 바라노니 몸에 큰 허물이 없으니

噫乎吾舍此復何歸(희호오사차부하귀) 아, 여기를 버리고 다시 어디로 갈꼬

歸歟歸歟多樂事(귀여귀여다악사) 돌아가리 돌아가리 즐거운 일 많은데

明朝掛冠便拂衣(명조괘관편불의) 내일 벼슬을 그만두고 옷자락 털어낼 터

取筆書之所以志(취필서지소이지) 붓을 잡아 생각한 것을 쓰네

제13장의 후편(後篇)이다. 고향에 대한 연원과 승경을 언급하고 있지만 한편으로는 작자 자신이 머물었던 부평 공간과 결부해 이해할 수 있다. 공간의 지명이 고구려 때에 주부토(主夫吐)에서 출발하여 장제(長堤), 수주(樹州), 안남(安南), 계양(桂陽), 길주(吉州), 부평(富平)의 순서로 정착된 과정을 알고 있었기에 '천 년의 아름다운 자취'라 운운할 수 있었다는 것이다. 특히 '이밖에 분분하게 말해 무엇하리, 바다를 본 자는 물 되기 어렵다'며 『맹자(孟子)』의 특정 구절을 견인하며 승경을 진술하는 부분이 이채롭다. 그것은 "공자가 노나라 동산에 올라가 노나라를 작게 여겼고, 태산에 올라가 천하를 작게 여겼다. 그러므로 바다를 본 자는 물이 되기 어렵다(孔子登東山而小魯 登太山而小天下 故觀於海者難為水)"는 구절이다. 『맹자』 진심 상(盡心上)의 구절이 성인의 도가 큼을 나타내려는 표현이었던 반면에 작자는 주변 승경을 이미 봤으니 딴 데 가 봐야 소용없다는 뜻으로 구사하고 있다.

  제13장의 전후 편은 주자의 자연관을 담고 있는 「운곡기(雲谷記)」를 연상하게 한다.[28] 제일강산이 눈앞에 나란

---

28) 운곡은 주자가 초당을 짓고 독서하던 산 이름으로, 무이산(武夷

히 있어(第一江山列眼前) 유유자적하며 남은 인생 보내기에 족한 곳(優游於此足以送餘齡)에서 나물 캐거나 낚시하며(採或釣), 독서하는(開卷) 일은 주자가 운곡에서 초당을 짓고 독서하며 본성을 함양하는 모습과 유사하다. 예컨대 「운곡기」에서 주자의 바람은 "산에서 밭 갈고 물에서 고기 낚으며 본성을 함양하고 글을 읽어서 선왕의 유풍을 노래하고 읊는다면, 마음이 즐거워 죽는 것을 잊기에 충분할 것이다(耕山釣水 養性讀書 歌詠先王之風 足以樂而忘死)"인데, 이것이 부평 떠나며 지은 노래 제13장에서 글자의 등락을 통해 그대로 나타나고 있다. 퇴계의 「도산잡영(陶山雜詠)」을 비롯해 여타의 사림들이 기록한 '기(記)'에는 「운곡기」 관련 내용이 관습처럼 진술돼 있는 것처럼,[29] 김용 또한 사림파의 강호관(江湖觀)을 그대로 견지하고 있었던 것이다.

山)의 시계(市界)와 접해 있었다.

29) 『고산유고(孤山遺稿)』, 『암서집(巖棲集)』, 『갈암집(葛庵集)』, 『한강집(寒岡集)』, 『노봉집(老峯集)』, 『면우집(俛宇集)』, 『유심재집(有心齋集)』 등이 있다.

4. 결론

  김용이 부평 떠나며 지은 노래 13장 중에서 해당 공간의 경험에서 촉발된 것으로 읽어 낼 수 있는 노래들을 소개했다. 작자가 그리워하는 바는 당연히 자신의 고향이겠지만 계문을 조정에 올린 후 수십일 동안 한가롭게 부평에 머물렀다고 할 때, 작자의 '내 그리워하는바'에 대한 계기에는 부평의 경험이 자리 잡을 수 있다는 것이다. 예컨대 광활한 들판, 매사냥, 활쏘기, 계양산, 넓은 바다, 임진년의 기억, 계문 작성, 낚시, 쑥색 수건의 여인네, 천년의 아름다운 자취 등이 부평에 대한 인상에서 계기된 것에 해당한다. 부평의 지역적 특징, 풍속, 역사, 그리고 작자가 추고경차관으로 부평에 온 이유 등을 감안하면 13징의 노래 중에서 몇 장(章)을 부평에 대한 경험과 결부해 이해할 수 있다는 것이다.

  작자는 자신이 경험한 부평의 풍경을 단순히 유람기처럼 진술하는 데 머물지 않고 사림파 도학자로서 응시 대상에 의미를 부여하고 거기에 자신을 견주면서 수신(修身)의 방편으로 삼으려 했다. 이는 사림파의 가치 지향과 강호관을 그대로 반영한 것이었다. 수신에서 출발하여 요순군민으로 귀결되기를 바라는 마음을 작자가 지녔기에 부평 풍경은 단순히 유람물이 아니라 산수의 도리를 체득하는 계기였다. 특히 13장 전후 편을 통해 보건대 작자의 고향은 사람파의 가치지향이 완성될 수 있는 공간으로 삼을 만했는데, 『시경』과 『맹자』에 기대며 '사람에게 바라는 바는 모두 여기에 있네(所慕之人咸在此)'라는 진술이 그것이다.

끝으로 작자의 숙부 학봉도 공무로 먼 길을 떠나면서 「나의 생각 4수(我所思 四首)」를 지었는데, 김용의 노래 13장과 소재와 형식이 유사하다는 점에서 양자를 한데 묶어 논의할 필요가 있다. 이를 후고로 남기되, 부평 떠나며 지은 노래 13장(「富平歌十三章」) 중에서 일부분을 연구자와 일반 독서인들에게 공개했다는 데 의의를 두고 싶다.

『인천학연구』 29호, 인천대 인천학연구원, 2018.

인천 인문학 여행

銀魚

素昧時調集

현대 시조

눈을 감고서는 아무리
무엇을 찾으려 해도
보이는 법이 아닙니다

최성연의 인천 시조(時調)에 대하여

1. 머리말

  소안(素眼) 최성연(崔聖淵, 1914~2000)은 시조 작가이다. 그는 『동아일보』(1955.7.5.) 창간 35주년 현상 문예 시조 부문에 「핏자국」이 당선되면서 본격적인 작품 활동을 하였다. 소안이 1950년대부터 이태극, 박재삼, 윤성규 등과 함께 시조 부흥을 위해 노력했고,[1] "육당, 가람, 노산의 노삼대가가 노익장하게 선두를 달려준다면 이호우, 이영도, 고두동, 최성연, 이항녕 님들의 중견 작가"[2]에 포함될 정도로 소안은 촉망받던 시조 작가였다.

  하지만 최성연 시조에 대한 연구는 3편 전한다. 하나는 작가와의 면담을 통해 생애사를 정리한 후 이를 토대

---

1) 한춘섭, 『한국시조시논총』, 을지출판공사, 1990, 40면.
2) 이태극, 「일보전진의 기세 시조문단의 전망」, 『동아일보』, 1956.2.4.

로 소재의 선택과 작품의 구조 및 의의를 논의한 글이고,[3] 다른 하나는 작자가 앓아왔던 질병(협심증)이 시조에 반영된 양상을 고찰한 글이다.[4] 전자는 전기적 고찰과 개괄적 검토에 집중했고 후자는 질병이 소안 시조의 독법으로 적용될 수 있다는 가능성을 제시한 글이었다. 나머지는 소안 시조의 현대 시조 문학사적 위상에 천착한 글이다.[5] 이에 따르면 소안은 전쟁 이후 '생활의 리얼리즘'[6]을 그려내기 위해 노력해왔던 시조 작자였다고 한다. 4·19혁명, 인천의 5·3민주항쟁 등을 시조로 담아냈는데, 이는 작자 스스로 밝혀왔듯이 '소재의 확대 및 현실의 수용'을 바탕으로 하고 있었던 것이었다.

이에 이 글은 기존의 성과를 토대로, 작자가 인천 지역의 향토사가로서 지역사를 소재로 삼았던 시조를 검토할 것이다. 특히 작가 스스로 시집 『갈매기도 사라졌는

---

3) 박창수, 「소안 최성연 시조 연구」, 한국교원대 석사논문, 1999.

4) 이영태, 「소안 시조의 연구-독법으로서의 질병」, 『한국문학과 예술』 25, 한국문학과예술연구소, 2018.

5) 이영태, 「소안 시조의 현대시조문학사적 위상」, 『한국문학예술』 26, 한국문학과예술연구소, 2018.

6) 김동욱, 「생활인의 시조」, 『서울신문』, 1956.1.28.

데』(1988)의 「후기」에 작품의 성향에 따라 네 가지로 구분 배열하였다고 밝혀 놓았기에, 이를 중심으로 인천 관련 시조들을 살펴볼 것이다.[7]

2. 소안의 시조관(時調觀)

작자는 등단 후 6개월 만에 72편의 시조를 묶어 『은어』(1955)를 발간했는데, 이에 대한 서평들을 통해 소안 시조의 특징을 엿볼 수 있다.

> 시조는 우리나라의 고유한 전통 문학이나 그것이 귀족적이고 遊閑的인 것으로 생각되었고 또 그 엄격한 정형 때문에 현대시로서 懷疑를 받아왔다. 그러나 우리가 소안의 시조를 읊음으로써 여기에 평민 문학으로서의 또한 생활 문

---

7) 제1부 「독수리」: 사회적 참여 의식이 깃든 계열의 작품군/ 제2부 「목련」: 서정적이고 더러는 미를 추구하는 작품/ 제3부 「사생도」: 인간의 삶과 죽음에 얽힌 작품군/ 제4부 「녹슨 파편」: 전쟁 후 그렇게 오래도록 버려진 녹슨 응어리들은, 이젠 잊혀졌어도 마땅할 것들이 아직도 마음 한구석에 곱이 낀 채 남아 있는 흉물들이다.

학으로서의 시조의 새로운 의의를 인식하게 된다.[8]

소안은 곧 생활 시인이라 보고 싶다. 그 작품 속에서 진실감과 직관적인 묘사안을 발견케 하여 쉬운 말로 시간 율격의 뉴앙스를 체득하여서 누구나가 공명할 수 있는 현실감과 절박감을 주고 있다. 마치 두보의 시를 연상케 한다.[9]

다시 소재를 더듬어 보았다. 거기에는 花朝月夕의 노래는 없었다. 어디까지나 생활과 진지하게 대결하는 생활의 리얼리즘이 있었다. 누구나 공명할 수 있는 생리화된 시조들이었다. 누구나가 겪은 생활의 축도가 있었다.[10]

시조집 『은어』에 대한 서평들이 신문에 실렸다. '생활 문학' '생활 시인' '생활의 축도'처럼 '생활'이란 단어가 공통적으로 등장하고 있다. 이외에도 "방언을 그대

---

8) 이항령, 「소안 시조집 『은어』를 읽고」, 『평화신문』, 1956.1.21.
9) 이태극, 「소안 시조집 『은어』를 읽고」, 『동아일보』, 1956.1.24.
10) 김동욱, 「생활인의 시조」, 『서울신문』, 1956.1.28.

로 썼"[11]다거나 "구태를 벗어나서 그 표현에 있어서는 신시적인 기풍"[12] 또는 "새로운 시대정신을 갈망하는 현대인의 정신 상태"[13]를 드러내고 있다는 서평 등도 소안을 '생활'과 밀접한 시인으로 이해하고 있다. "시조를 생활의 한 양식으로서 즐기는 이 작자의 태도는 누구에게나 호감을 줄 만"[14]하다는 서평 또한 '생활'에 방점을 두고 있는 것이다. 그에 따라 현대 시조사를 회고할 즈음, "시조 시단의 새로운 기운이 싹트기 시작한" 것은 "「핏자국」이 당선되면서부터"이고 "소재의 새로움과 표현의 새로움"은 물론 "강렬한 주제 의식으로 시를 썼다"[15]며 소안 시조를 평가했던 것이다.

우리는 엄연히 1980년대 후반기에 생존하고 있으면서, 원하거나 말거나 정치적 또는 사회적으로 골치 아픈 사건에

---

11) 고두동, 「서평」, 『한국일보』, 1956.1.24.
12) 구자균, 「시조 창작의 신기풍」, 『연합신문』, 1956.1.28.
13) 한상억, 「싸우는 정형시」, 『경인일보』, 1956.1.15.
14) 조연현, 「신간평 소안 시조집」, 『자유신문』, 1956.1.26.
15) 이근배, 「광복 30년 시조단 개관」, 『광복 30년 문학전집(시·시조)』, 정음사, 1975, 523~524면.

연루되어 본의 아니게 매우 불편한 영향을 받는 경우가 많다. … 1987년대 7~8월에 걸친 전국적인 노사분규 … 작게는 버스나 택시의 운행중지로 말미암아 … 걸어가는 고역을 겪지 않을 수 없다. 이러한 변을 당한 사실을 작품화한다면, 이것이 소재 확대요, 아울러 현실 수용이 되는 것이다.[16]

소안은 '현실 수용이 곧 소재의 확대'라며 자신의 시조관을 명확히 하였다. '골치 아픈 사건'이든 난데없이 '고역을 겪'든 '이러한 변을 당한 사실을 작품화'해야 한다는 것이다. 이어 그는 작자가 현실을 외면하는 경우 '눈 딱 감고 풍월이나 읊조리며 선비 노릇'을 하여 주위 사람들에게 웃음거리가 되기 십상이라며 부언 설명하기도 했다.

한마디로 말하기는 어려워도, 값싸게 덮어놓고 쓴다고 해서 시가 되는 게 아니라는 것만은 분명합니다. 우선 공부를 많이 해야 합니다. … 그리고 역시 사람은 항상 깨어 있어

---

16) 최성연, 「시조문학의 현주소-소재 확대와 현실 수용 긴요」, 『시조문학』, 1972, 여름호, 『갈매기도 사라졌는데』, 교육문화출판사, 1988, 151면 재수록

야 합니다. 눈을 감고서는 아무리 무엇을 찾으려 해도 보이는 법이 아닙니다. … 깨어 있어야 시도 보이고 역사도 보이리라 생각되는군요.[17]

 소안이 대담을 통해 인천문단의 후배들에게 남긴 말이다. 지역의 향토사가면서 시인이었던 소안이 후배들을 향해 '깨어 있어야 시도 보이고 역사도 보이리라'며 당부를 한다. 『은어』의 서평들이 교직하고 있는 '생활(문학·시인·축도)'과 소안이 스스로 언급한 '소재 확대 및 현실 수용'(1972), 그리고 후배들에게 당부하는 말(1998)이 면면히 이어지고 있는 셈이다. 시조의 형식을 따랐다 하여 작품이 되는 게 아니라 작자가 현실을 읽어낼 수 있는 독법을 갖추고 그것을 표현해야 '소재의 확대요, 현실의 수용'에 해당하는 시조를 지을 수 있다는 것이다. 작자는 말년의 대담에서 『은어』에 대한 서평들이 교직하고 있던 '생활(문학·시인·축도)'를 거듭 진술하고 있었다.
 '생활(문학·시인·축도)'의 경우는 다음의 시에서 확인할

---

17) 조우성, 「향토사가 최성연 선생을 찾아서」, 『황해문화』 19, 새얼문화재단, 1998, 127면.

수 있다.

「천대꾼」[18]

한길에 엉거주춤
굳은 힘 주는 암캐

네 행실 옳으랴만
편해서 좋을네라

천대꾼
오죽하면야
네꼴마저 부러우랴.

천대꾼(천더기)이 암캐를 부러워하고 있다. '길가에 엉거주춤'하게 '힘 주'고 있고 암캐는 옳은 행실에 해당하지 않는 자세를 취하고 있다. 암캐의 교미 장면을 연상할

---

18) 소안의 인용 시조의 원문은 『은어』와 『갈매기도 사라졌는데』에 의거함. 『은어』에서 천대꾼이 『갈매기도 사라졌는데』에서는 천더기로 바뀌었다.

수 있지만 '오죽하면 네 모습이 부럽겠는가'라는 부분을 감안하면 그것과는 거리가 있는 듯하다. 작자가 본문의 하단에 밝힌 것에 따르면, 「천더기」는 분뇨를 자유롭게 배설할 수 없었던 부산 피난 시절을 배경으로 하고 있다고 한다. 부산으로 한꺼번에 몰려든 피난민들로 인해 화장실 부족 문제가 심각했는데 변의(便意)를 느끼게 되면 백 원짜리 지폐를 내 밀고 다방에 뛰어 들어가자마자 화장실 열쇠부터 얻어드는 것이 급선무였던 시절이었다고 한다.[19] 그 시절 피난민들이 부러워했던 것 중에 하나가 자유롭게 방분, 방뇨하는 암캐였던 것이다.

「이사냥」

뒷잔등 허리짬을
함부로 써물대는

이란놈 제멋대로
증손현손 쳤을네라

---

19) 『갈매기도 사라졌는데』, 123면.

체모(體貌)랑

벗어던지고

이사냥을 해봤으면

  제목에 나타나듯 이 사냥을 소재로 하고 있는 시조이다. 이가 몸을 물어대는 통해 작자는 괴롭기만 하다. 옷을 벗어 그들을 모조리 사냥이라도 하고 싶지만 그럴 여건도 아니다. 이 사람 저 사람의 몸에서 번식한 이들을 없애는 일은 모두 동시에 옷을 벗어 이 사냥을 해야 가능할텐데 그럴 여건도 아니다. 피난선의 밀착된 공간이거나 피난민들의 숙소이니만큼 공동 이 사냥은 불가능한 일이다. 내 몸에서 나오건 다른 사람의 몸에서 나오건 눈에 띄는 대로 사냥을 해서 가려움과 짜증을 대신하는 수밖에 딱히 나쁜 방법이 없다. 작자는 「이 사냥」의 본문 하단에 "1·4후퇴 당시에 많은 사람들이 혼숙을 하게 되었고 빨래를 자주 할 수 없었던 까닭에 이[蝨]의 폭발적인 번식과 등쌀로 피난 생활을 한층 짜증스럽고 우울하게 하였다. 그렇지 않고서야 하치 않은 그까짓 이 사냥 따위 화제가 될 수 있겠는가"로 해설해 놓았다. 하찮은 소재를 통해 피난 생활의 짜증과 우울을 표현하고 있는 셈이다.

3. 인천 시조들

작자는 시조집을 묶으면서 「후기」에 작품을 네 가지 계열로 구분 배열했다고 밝혀 놓았다. '제1부 사회적 참여 의식이 깃든 계열의 작품군, 제2부 서정적이고 더러는 미를 추구하는 작품, 제3부 인간의 삶과 죽음에 얽힌 작품군, 제4부 이젠 잊혀졌어도 마땅할 것들이 아직도 마음 한구석에 곱이 낀 채 남아 있는 흉물들'의 편제가 그것이다. 이 글에서는 소안의 생애사를 참고하여 편제의 순서를 바꾸어 인천 시조들을 살필 것이다.

3-1. 인간의 삶과 죽음에 얽힌 작품군

「질식」

…

짓꽃은 악동(惡童)에게

느닷없이 짓눌린채

기쓰고

허위적대다
넋을 잃고 늘어지다.

들이킨 물 토해가며
맥을 잃고 누웠는데

어렴풋이 들려오던
겁먹은 애들 소리

억세게
눌린 그 숨통이
평생 두고 죄일줄야.

  익사(溺死) 식전까지 갔다가 겨우 돌아온 아이가 있다. 친구들끼리 물장난하다가 벌어진 일이지만 여차했으면 그 아이는 익사할 뻔했다. 연신 물을 개어내며 맥을 잃은 상태에 있던 아이는 친구들의 두려움 섞인 소리를 흐릿하게 들을 정도로 당시 상황은 심각했다.[20]

---

20) 작자가 친구들과 물장난했던 곳은 수문통 해변가였다. 그곳은 갈

시간이 흘러 그 아이가 63세에 이르렀을 때, 과거 악동들과 장난질하며 겪었던 고통이 떠올랐다. 그리고 그때의 기억이 현재 심장병으로 고통을 받고 있는 자신의 몸과 겹쳐졌다. 자신의 협심증과 관련하여 "맥박 재우 뛰다 자즈러 들적시면/ 숨이 턱에 차서 下直이라 했다가는(「소생(협심증)」)", "갈수록 식어드는 손발 가늘 힘 떨리메(「미련」)"와 같은 증상은 친구들과 장난질하며 겪었던 고통과 별반 다를 바 없었다. 과거 질식에 대한 일회적인 경험이 현재의 협심증으로 이어져 '억세게 눌린 그 숨통이 평생 두고 죄일 줄' 누가 알았겠냐며 진술하는 데에서 이를 확인할 수 있다.

작자에게 협심증은 한 사람의 전체 "인생 궤적을 방해한다는 의미에서 인생 역정의 혼란 biographical disruption"[21]에 해당하는 것이었다. 고질병은 환자의 일상, 대인 관계, 자아의식을 비롯해 가장으로서의 역할 등에 지대한 영향을 끼쳤다. 고질병의 증상을 "맥적게 벌떡 누어서 쑥스러히 죽나니…(「쑥스러히 죽나니」)", "쪼

　대가 우거진 해변이었다고 「증경사」(『은어』)에 밝히고 있다.

21) 사라 네틀턴, 『건강과 질병의 사회학』, 조효제 역, 한울아카데미, 1997, 126면.

드라 마른 心臟(「운명」)", "숨이 턱에 차서(「소생」)"로 나타내거나 질병의 고통이 빨리 마무리되기를 바라며 "지겹게 헐떡거리는 안타까운 이 숨통을, 모질게 졸라매면 작히나 좋을가마는(「어떤 운명」)", "이제는 예와 누은채 시름 잊고 잠이들다(「나의 묘지명」)"로 진술하는 데에서 그런 면을 확인할 수 있다.[22]

3-2. 이젠 잊혔어도 마땅할 것들이 아직도 마음 한구석에 곱이 낀 채 남아 있는 흉물들

「증오」

마지막 배편이라
잉머구리 뉘끓는데

뭇사람 핀잔주며
꺼올리는 도깨그릇

---

[22] 작자의 질병과 시조와의 관계는 이영태의 글(「소안 시조의 연구-독법으로서의 질병」) 참조.

샛노란

테두리 권세

어찌 그리 장하랴.

　1·4후퇴 때 인천 부두에서 경험한 것을 진술하고 있다. 부두로 몰려든 피난민들의 모습을 앙머구리(참개구리 울음소리) 들끓는 것으로 표현하고 있다. 마지막 배편인지라 피난민 한 명이라도 더 태워야 할 텐데 실상을 그렇지 못했다. 금테 안경을 쓴 자가 자기네 장독 항아리(도깨그릇) 깨질까 봐 염려하며 힘없는 피난민들에게 핀잔을 주고 있다. 그러한 상황이 작자를 불쾌하게 만들었다. 권세라고 해야 기껏 금테 크기(샛노란 테두리 권세)만 할 텐데 함께 피난 가는 처지에 그들보다 자기네 장독을 우위에 두고 있는 안경을 쓴 자를 향해 작자는 '테두리 권세 어찌 그리 장하랴'로 표현했던 것이다. 시조의 제목 '증오'는, 권세가 대단한 나리들에 대한 불편한 심사를 가리키고 있다. 그들이 권세를 온전히 부렸다면 전쟁이나 1·4후퇴 등의 고역을 겪지 않았을 것이라고 생각하니 작자 스스로 화가 치밀었던 것이다. 게다가 앙머구리 들끓는 듯한 배 안의 한 쪽에는 그들의 피아노,

자가용 등의 사치품이 위치하고 있는 것을 보니 증오심이 더욱 솟아올랐다. 작자는 해당 시조의 말미 부분에 "배를 얻어 타려고 아우성치는 힘없는 피난민들을 윽박지르고 김칫독까지 싣는 권세가 대단한 '나리'들이 설치는 꼴이 한심스럽고 역겨웠다"며 설명하며 당시의 증오심을 되뇌고 있다.

「인천각」

오정포산 허리짬에
이리 저리 참호(塹壕) 파고
아름드리 나무통들
가로 세로 뒹굴렀는데,

인천각(仁川閣)
그 호화롭던 양옥마저
심한 함포 맞고
폭삭 주저앉다.

집 맵시 뛰어나고

쓸모 또한 큰 탓일까.
모른 채 석 달 내내
고스란히 남겼다가

갑자기
십자포격으로
수월하게 쳐부수다.

인민군 군관들이
은신처로 잘못 알고

꾸역꾸역 모였다가,
삼태기 쓴 꼴
됐다던가.

어렵게
전쟁 겪고 세우더니,
끝내 전쟁 탓에
쓰러지다.

인천각(仁川閣)은 1905년 준공될 당시 존스턴(James Johnstone) 별장으로 불리던 4층 양관(洋館)이었다. 1차 세계 대전 이후 1919년 일본인에게 매각되어 '야마주[山 十] 별장'으로 명칭을 바꾸었다. 이후 1936년 인천각으로 이름을 바꿔 호텔 겸 고급 요릿집으로, 광복 이후 미군장교 숙사(B.O.Q)로 기능하다가 한국 전쟁 와중에 포격으로 소실되었다.

작자가 인천각의 역사를 서술하고 있다. '어렵게 전쟁 겪고 세우더니' '호화롭던 양옥' '집 맵시 뛰어나고' '끝내 전쟁 탓에 쓰러지다'가 그것이다. 1903년부터 건물을 짓다가 러일 전쟁 중에 노동임금이 급격히 상승하고 건축 자재의 수급에 어려움을 겪다가 1905년 말에 겨우 건물을 완공하였다. 주인이 바뀌거나 그것의 명칭이 교체됐어도 존스턴 별장은 빼어난 모습을 유지하다가 끝내 인천상륙작전(1950.9.15.)을 계기로 사라졌다. 그해 12월 말에 건물의 일부 잔해물을 수의 계약하여 특정인에게 불하했을 정도로 인천각의 벽돌, 주춧돌 등은 희귀한 건축 자재였다고 한다.

3-3. 서정적이고 더러는 미를 추구하는 작품

「회고」

五百年 비바람에
兵火마저 잦었거늘

헐리다 半만 남은
성벽(城壁) 짬에 돋은 이끼

된 고빌
그리 겪고도
옛을 그려 사노란다.

　작자는 위의 시조에 대해 "1953년 김철세 형의 예술 사진 '회고'에 부친다."고 해설해 놓았다. 김철세는 작자와 함께 청구사진사의 공동 대표를 맡았던 사진작가이다. '兵火마저 잦었거늘' '헐리다 半만 남은 성벽(城壁)'이라는 표현으로 보건대 김철세가 문학산성의 일부분을 촬영하고 작자가 거기에 시를 부친 것이다. 작자는 사진

속의 이끼를 통해 수많은 고비를 견디어(된 고빌 그리 겪고도) 온 산성의 역사를 되돌아보고 있다. 산성이 축조됐을 때부터 있었던 이끼는 현재 사진 속에 남아 산성의 옛 모습을 그리워하는 듯했다.

참고로 문학산성은 문학산 주봉 해발 224m 정상부에 위치한 산성이다.『동사강목(東史綱目)』,『여지도서(輿地圖書)』등에 따르면, 이곳에는 고구려 동명왕의 둘째 아들 비류(沸流)가 조성한 석성터가 있다고 한다. 또『동국여지승람(東國輿地勝覽)』에도 백제 시조 온조왕의 형 비류가 이곳에 정착하여 미추홀(彌鄒忽)이라고 지칭하고, 문학산 위에 비류성 터가 있고 성안에는 비류정(沸流井)이라는 우물이 있다고 한다. 기록에 따라 문학산성은 남산산성(南山山城), 남산고성(南山古城), 문학고성(文鶴古城) 등으로 나타난다.

「들국화 2」

하도 볶이다 못해
산마루도 깎였는데,

어찌 들국화는

철 따라 피어나노?

옛 모습

차마 잊이 못해

그 골짝에 피었다네.

  산마루가 깎이고 포장도로가 들어섰지만 원래 산의 모습을 기억하고 있는 들국화가 있다. 비류시대의 문학산성 주변에 피었던 들국화는 지금도 활짝 피어 있건만 산성 주변은 군부대가 들어서기 위한 공사로 인해 원형이 훼손된 상태에 있다. 철따라 피는 들국화는 당시의 상황을 증언하고 있는 듯하지만 현재 산성 주변의 모습은 그렇지 못하다는 것이다. 그러나 산성 주변을 아무리 깎고 볶는다 해도 "기쓰고 피어보는 연보라빛 들국화꽃/ 가으내 영근 소망인걸 어찌 지레 꺾이리까(「들국화 1」)"처럼 그곳이 인천 역사의 시작이란 점은 변함없는 사실인 것이다.

  작자는 해당 작품에 대해, "예술 사진 작가 이종화 형의 요청에 따라, 그의 기록사진 시리즈 '문학산'에 부친다"고 부기해 놓았다.[23] 이어 "수년전 밝히기 어려운 중대한 사유로 … 山頂까지 온통 편편하게 깎여 버렸다. 그리하여 이 고장 최고 최대의 역사적 유적은 그 모습을 영영 잃고 말았다"며 산성의 흔적이 사라진 것에 대한 아쉬움을 진술하고 있다. 여기서 '수년 전 밝히기 어려운 중대한 사유'는 1965년부터 문학산성이 위치한 산 정상부에 군부대가 주둔한 것을 가리키고 있다.

다음은 인천 개항장을 소재로 지은 시조이다. 작자는 지역의 후배들에게 "깨어 있어야 시도 보이고 역사도 보이리라 생각된"[24]다고로 당부할 정도로 지역사에 남다른 애정을 갖고 있었다. 1883년 제물포가 개항(開港)하고 그곳에 많은 변화가 있었는데 이를 6장의 연시조로 그려낸 것이 「제물포 개항의 노래」이다. 각 연의 말미에 "모두 낯선 개화(開化) 불결 밤낮없이 밀려드네"가 후렴으로 설정된 것처럼 제물포는 근대 문물을 경험할 수 있는 공간이었다.

---

23) 1965년 의료인이면서 사진작가이던 이종화는 컬러 사진집 『문학산(文鶴山)』을 출간하였다. 사진집은 문학산 일대의 파노라마 사진과 봉수대, 성문, 성벽, 비류왕릉으로 불리던 무덤, 안관당지, 고인돌 등 인천의 옛 모습을 복원하는 데 귀중한 자료를 담고 있다.

24) 조우성, 앞의 글, 129면.

⟨1⟩
개항(開港)이 됐다더니
갯 냄새 싹 가시고,

오뉴월 쇠파리마냥
사람떼가 꾀여들다.

돈 바람 항구(港口)에 넘친다며,
허둥지둥 몰려들다.

⟨후렴⟩

모두 낯선 개화(開化) 물결
밤낮없이 밀려드네.

⟨2⟩
토박인 변두리로 밀려
주눅든채 눈치나 보고

외국인(外國人)들 **제 땅인양**

두부 모 치듯 몫을 갈라

널찍한 터전에 큰채 짓고,
으쓱대며 활보하네.

개항이 되자 제물포는 과거의 한적한 포구에서 벗어나 국내외의 사람들이 몰려드는 공간으로 변모했다. 제물포의 인심(人心)은 간데없고(갯 냄새 싹 가시고) 사람 떼가 쇠파리마냥 몰려들고(쇠파리마냥 사람떼가 꾀여들다) 있었다. 물론 국내외의 사람 떼들이 쫓는 것은 '돈바람'이었다. 작자는 '돈바람'에 대해 본문의 하단에 "항만 시설을 비롯한 주택, 점포 등 건설 사업이 연이어졌으며, 荷役의 下役 또는 上役에 많은 돈이 뿌려졌"다고 해설해 놓았다.

각국의 조계지가 설정됨에 따라 제물포에 거주하던 토착인들은 터전을 잃고 딴 곳으로 옮겨가야 했다. 조계(租界)는 외국인 전용 거주지의 행정권과 사법권을 해당 국가가 행사하는 지역이었다. 1883년 8월 지금의 인천 중구청 일대가 일본인 조계가 되었고 1884년 선린동 일대에 청나라의 조계가 들어섰다. 이어 1884년 10월 「인천 제물포각국조계장정(仁川濟物浦各國租界章程)」에 의거하여 영국, 미국, 청국, 일본, 독일(독일은 1885년 9월 체결)이 공동으로 관리하는 각국 조계가 확정되었다. 작자는 '제땅인양'의 부분을 진하게 표시하고 본문의 하단에 "외국인들은 손쉽게 대지 등을 헐값으로 대여 받게 되었는데, 이러한 특정 지역 내에는 오히려 한국인은 주거조차 허용되지 않았다"고 설명해 놓았다.

〈3〉
서둘러 서울가는
신작로 훤히 닦고,

오동마차 질풍같이
우편 싣고 달려간다.

밤 들면 **개항장(開港場)**거리
전기 외등(外燈) 휘황(輝煌)하고

〈4〉
굵직한 고동소리

목 쉬도록 울려가며

검은 연길 길게 끌고,
화륜선(火輪船)이 들랑이다.

신기한 잡동사니
선창(船艙)가에 치쌓였네.

  3~4연에 근대 문물이 등장하고 있다. 신작로, 오동 마차 우편, 전기 외등, 화륜선 등은 개항 이전에 경험할 수 없는 것들이다. 특히 오동 마차에 대해 "四輪馬車인데 검은색이었고, 양편에 널찍한 오동나무 잎과 오동나무 꽃대로 이루어진 도안이 붙어 있었는데, 훗날 이것이 조선 총독부를 상징하는 문양이 되었다"는 작자의 설명이 있는 것으로 보아, 일본 영사관의 우편 업무와 관련된 진술임을 짐작할 수 있다.

  화륜선이 나들며 물품들을 선창가에 쌓아 놓았다고 한다. 외국 무역 상사에서 수입한 물품들은 조선 사람들이 이전에 경험해 보지 못한 잡다한 것들이기에 '잡동사니'로 표현한 것이다. 예컨대 독일의 무역 상사 세창양행은 조선에서 동물의 모피나 담배, 조개, 소라 따위의 농수산물을 싼값에 구매하고 서양의 각종 흥미로운 공산품과 직물 등을 판매했다. 한국 최초로 상업 광고를 신문에 실었는데,[25] 그들이 수입하여 판매하는 물품들은 조선 사람들에게 '신기한 잡동사니'에 해당하는 것들이었다.[26]

〈5〉

만국과 내왕하는

뱃길이 트이더니,

허울 좋게 **엄지 끕는**

---

25) "세창양행이 조선에서 개업하여 외국에서 자명종 시계, 들여다보는 풍경, 뮤직 박스, 호박, 유리. 각종 램프, 서양 단추, 서양 직물, 서양 천을 비롯해 염색한 옷과 염료, 서양 바늘, 서양 실, 성냥 등 여러 가지 물건을 수입하여 품목의 구색을 갖추어 공정한 가격으로 판매하오니 모든 귀한 손님과 선비와 상인은 찾아와 주시기 바랍니다. 덕상 세창양행 고백"(『한성주보』, 1886.2.22.)

26) 세창양행은 『독립신문』을 비롯해 그 후에 창간된 여러 민간 신문들에도 상업 광고를 실었다. 외국 무역회사의 광고에 대해, 황현(黃玹, 1855~1910)은 『매천야록』에서 "심하도다. 우리나라 사람들의 아둔함이여. 대개 나라에 들어오는 물건은 비단, 시계, 물감 따위 기묘하고 기이한 물건에 지나지 않고 나라에서 나가는 것은 쌀, 콩, 가죽, 금, 은 따위의 평상시 박실한 보배였다"고 한탄하고 있다.

국제 항구 됐다지만

기름진 알토랑 같은
입쌀 더미 다 털렸네

⟨6⟩
노들강변 넓은 나루
철마(鐵馬)는 거침 없고,

한강수 백리(百里) 끌어
수도관(水道管)도 깔려다네.

앞질러 익힌 개화 문명
전국 으뜸 사랑일세
(「제물포 개항의 노래」, 진한 부분 원문대로)

 인천을 국제 항구로 지칭하면서 그에 대한 수식으로 '허울 좋게'를 설정해 놓았다. 그것의 의미가 '실속은 없으면서 겉으로 보기에만 번지르르하다'인 점을 감안하면, '만국과 내왕하는 뱃길이 트'인 것이 조선 사람들에게 '기름진 알토랑 같은 입쌀 더미 다 털'리는 계기였기에 그런 수사가 동원된 것이었다. 제물포가 허울 좋은 국제 항구였다는 점은, 작자가 본문의 하단에 '엄지 꼽는 국제 항구'를 설명하기 위해 『관보』(1896.1.20.)의 기록을 제시한 데에서 확인할 수 있다. 그에 따르면 부산과 원산의 무역 실적이 각각 24.6%과 16.9%이었던 반면에 인천은 58.5%일 정도로 다른 항구에 비해 압도적인 수치인데, 그러한 실적은 '입쌀 더미 다 털렸네'처럼 미곡 수탈이 주요 원인이었다. 이후에도 인천항은 '엄지 꼽는 국제 항구'로 미곡 수탈의 중심에 있었다.[27]

　마지막 6연은 경인 철도와 상수도 시설에 대한 진술이다. 경인 철도는 1899년 9월 18일 완공되었다. 철로를 따라 인천역~축현역~우각동역~부평역~소사역~오류역

---

[27] 1896년 일본 상인들은 미곡(米穀) 수매와 미가(米價) 조정이라는 구실을 내세워 인천에 미두취인소를 설립했다. 한일합방 이후 한국의 미곡과 대두의 수출이 급증하자 인천의 미두 거래 시장은 도쿄와 오사카 다음으로 활황을 이루는 영업소였다. 하지만 중매인 대부분 일본인이었고 한국인은 몇 명에 불과했다. 인천항을 거쳐 일본으로 반출된 미곡과 대두는 1910년부터 갑자기 늘어났다. 미곡의 경우 1928년에 1백48만여 석이었는데 가격으로 4천7백만여 원에 육박했다. 국내 실수요량과 일본군의 군량미까지 감안하면 실질적인 정미 생산량은 수출량의 4~5배가량에 이르렀다.

~노량진역이 있었다. 기관차는 하루 오전 오후에 두 번씩 총 33.2㎞ 구간을 1시간 30분에 달렸다. 철도의 개통을 알리는 신문 기사에 "산천초목이 살아 움직이는 듯하고 나는 새도 따라오지 못할 정도로 80리 길을 순식간에 주파하였다"[28]라고 기술됐듯이 당시 사람들에게 기관차의 모습과 그것이 달리는 속도는 경이로움 그 자체였다. 수도관은 한강의 노량진 부근에서 취수 및 정수한 물을 인천의 송현동 배수지(配水池)까지 이동시키는 시설을 가리킨다. 1906년 11월에 공사를 착수하여 1910년 10월 30일 통수식을 하고 동년 12월 1일부터 급수를 시작하였다.[29]

「제물포 개항의 노래」(1981.9.)는 인천 개항장의 변화를 시간순으로 배열해 놓은 시조이다. 작자는 인천이 개항(1883년)하고 상수도를 급수(1910년)하는 기간 동안 제물포가 겪은 변화상 중에 가장 인상적인 것을 소재로 삼

---

28) 『독립신문』, 1899.9.19.

29) 수도관과 관련하여, 작자는 하단에 "인천 개항의 결정적인 결함이 두 가지 있었는데, 첫째가 10m가넘는 조수간만의 차이고, 둘째가 양질의 음료수 수원(水源)이 빈약하다는 것이었다. 인천시민의 음료수도 큰 문제이려니와, 기항(寄港)하는 선박에의 급수도 그만 못지않게 수요가 컸기 때문이었다"라고 설명해 놓았다.

았다. 개항과 더불어 쇠파리처럼 몰려든 사람 떼, 각국 조계지에서 활보하는 외국인들, 자국의 영사관에서 독립적으로 우편 업무를 총괄하던 일본, 조선의 농수산물을 싼값에 구매하고 서양의 각종 흥미로운 공산품을 판매하려는 외국 상사들, 미곡 수탈의 거점이었던 제물포 국제 항구, 철도 및 상수도 시설에 대한 언급이 그것이다. 그런데 제물포 개항과 관련하여 1~5연에는 작자의 시선이 다소 부정적이지만 6연의 철도와 상수도에 대해서는 '앞질러 익힌 개화 문명 전국 으뜸 자랑일세'처럼 긍정적인 자세를 취하고 있다. 본문의 하단의 설명에도, 각각 "한국 최초의 철도"와 "한국 최초의 상수도"라는 수사에 기대 구체적으로 진술하고 있다. 철도든 상수도든 궁극에는 일본의 목적을 위해 그들이 완성시켰다는 것을 작자는 향토사가로서 익히 알고 있을 터인데 그에 대해 긍정적 수사를 동원하고 있다는 점이 다소 의외이다. 그러나 최성연 시조에 대한 평가에서 늘 붙어다니던 '생활(문학·시인·축도)'이란 부분에 방점을 두면, 철도와 수도에 대해 '전국 으뜸 자랑일세'라고 긍정적으로 진술한 이유를 짐작할 수 있다. 생활의 뜻풀이가 '사람이 일정한 환경에서 활동하며 살아감'이라 할 때, 작자는 개항장의 개화 물결 중에서 지역민들이 '활동하며 살아'가는 데 긍정적 영향을 주는 근대 문물로 철도와 수도 시설을 꼽았다는 것이다.

3-4. 사회적 참여 의식이 깃든 계열의 작품군

「갈매기도 사라졌는데
- 인천항구에서 자취를 감춘 갈매기떼의 사연」

새하얀 갈매기떼
훨훨 떠돈다는

때때로 곤두박여
먹이도 쪼아가며

누백대(屢百代)
둥질 틀고서
새끼 치며 살던 포구(浦口).

하 오래 겪다보니
짠물도 썩어들고

깃털을 더럽히는

체통쯤 잃을망정

옛정을

어쩌지 못해

눌러 앉아 살쟀더니,

치어랑 전어떼랑

모두 다 지레 죽고

허기져 처지는 나래

휘젓기도 힘겨운데

지겹게

깔린 오염(汚染)일레

죽지못해 안갔나베

 위의 시조는 신문 기사를 반영한 작품이다. 해당 작품이 『신동아』(1973.3.)에 실리기 1년 전에 「인천항 해조(海鳥) 자취 감춰, 연안 오염 심해 먹이 없어져」라는 기사에는 폐유, 폐수, 분뇨 등이 제한 없이 바다로 흘러듦에 따라 어패류가 죽고 그에 따라 해조(海鳥)들도 점차 사라지고 있다는 내용이 있다.[30]

갈매기에게 인천항은 '누백대(屢百代) 둥질 틀고서 새끼 치며 살던 포구(浦口)'였다. 하지만 바다가 '치어랑 전어떼랑 모두 다 지레 죽'은 공간으로 변함에 따라 갈매기의 개체수가 확연히 줄어들었다. 이제는 그곳이 '지겹게 깔린 오염(汚染)'으로 인해 '죽지 못해' 사는 곳으로 변했던 것이다. 인천 율목동에서 태어나 근처의 공립보통학교를 졸업한 작자에게 포구의 갈매기떼가 점차 사라지는 것이 예사롭게 보일 리 없었다. 해당 공간이 '지겹게 깔린

---

30) 『동아일보』, 1972.2.22. "갈매기 물가마귀 물오리 등 각종 바다 새들이 인친 잎바다물의 심한 오염 현상 때문에 인천항에서 점차 사라져 가고 있다. 인천 앞바다의 오염은 유조선을 포함 하루 평균 2백여 척의 출입 선박과 항구 주변에 위치한 호남정유 등 4개 정유회사의 저유 탱크에서 막대한 양의 폐유가 버려지고 있는데다 시내 각 공장 및 가정에서 나오는 유독성 폐수, 하수가 시내 17개 하수관거를 통해 매 초당 평균 103세제곱미터씩 바다로 흘러들고 있고 시민들이 배설하는 하루 1천여 섬씩의 분뇨가 4년 전부터 모두 바다에 버려져 갈수록 심각해져 가고 있다. 이로 인해 인천 해안에 서식하던 각종 어패류가 죽어 버려 해초들이 먹이를 찾아 멀리 사라져 가고 있다는 것이다. 인천항을 드나드는 선원들은 4~5년 전까지만 해도 인천항에서 갈매기떼를 볼 수 있었으나 옛말이 돼 버렸다고 아쉬워했다."

오염(汚染)'으로 뒤덮였어도 그곳을 떠나지 못하고 있는 갈매기를 통해 작자 자신의 모습을 발견했던 것이다. 작자는 「갈매기도 사라졌는데」(1973.3.)를 발표할 즈음, 『인천시사』 편찬위원회 상임위원으로서 활동하고 있었으며 두 번째 시집의 제목을 『갈매기도 사라졌는데』(1988)로 정할 정도로, 고향 인천에 대한 애착이 남달랐다.

이외에도 지역 신문사가 존폐의 기로에 서자, 그에 대한 우려를 나타내거나 지방 언론사의 발전을 기원하는 축시를 짓기도 하였다. 예컨대 "아무리 절박한들/ 무릎이야 꿇을소냐./ 온 숲이 널브러져도 홀로 남아 푸르리다."(「종목송가」)와 "이제야 잡초인들/ 어찌 싹을 트오리까/ 치쌓은/ 굳은 반석(盤石) 위에/ 서광(瑞光)이여 내리소서"(「서광이여 내리소서」)가 그와 관련된 시조이다. 이 또한 작자가 지역 언론인 출신의 향토사가였기에 시조에 기대 우려감과 격려를 보냈던 것이다.

4. 결론

최성연의 인천 관련 시조를 살펴보았다. 작자가 시집

『갈매기도 사라졌는데』(1988)를 묶으면서 「후기」에 작품의 성향을 네 가지로 구분 배열하였기에, 이에 기대어 시조들을 검토할 수 있었다. 먼저 인천과 관련하여 '인간의 삶과 죽음에 얽힌 작품군'에 해당하는 「질식」이 있는데, 이는 수문통 해변에서 친구들과 물장난하면서 익사할 뻔했던 경험을 토대로 하고 있는 시조였다. '이젠 잊혀졌어도 마땅할 것들이 아직도 마음 한구석에 곱이 낀 채 남아 있는 흉물들'에 해당하는 시조로 「증오」와 「인천각」이 있다. 전자는 1·4후퇴 때 앙머구리 들끓는 상태에서 피난민들보다 자신의 김칫독을 애지중지하는 '샛노란 테두리 권세'에 대한 증오심과 관련된 것이었다. 후자는 특정 건물이 건축되는 과정과 그것이 전쟁의 포격에 의해 한순간에 사라지게 된 과정을 읊은 시조였다. '서정직이고 너러는 미를 추구하는 작품'으로 「회고」, 「들국화 1·2」, 「제물포 개항의 노래」가 있다. 낡고 허물어져 가는 문학산성의 모습(「회고」)과 군부대 시설물을 세우기 위해 산성 주변의 산등성이가 절개되고 있는 안타까운 상황(「들국화 1·2」)을 읊은 시조였다. 인천 개항장의 변화상을 연시조의 형태에 담은 「제물포 개항의 노래」에는 조계지의 설정과 외국인들의 등장, 외국 무역 상사, 미곡 수탈의 인천항, 철도 및 수도 시설 등이 등장하고 있다. 특히 작자는 철도와 수도 시설에 대해서는 "한국 최초의 철도"와 "한국 최초의 상수도"라는 수사를 동원하며 긍정적인 근대 문물로 인식하고 있었다. '사회적 참여 의식이 깃든 계열의 작품군'으로 「갈매기도 사라졌는데」가 있다. 항구 주변의 오염으로 물고기와 바다 새가 살아갈 공간이 줄어들고 있지만, 여전히 그곳을 떠나지 못하고 있는 갈매기는 작자 자신이기도 했다.

『인천학연구』 31호, 인천대 인천학연구원, 2019.

소안 시조의 현대 시조 문학사적 위상

1. 머리말

　소안(素眼) 최성연(崔聖淵, 1914~2000)은 현대 시조사에서 '생활시인'이라는 수식을 받은 첫 번째 인물이다. 한국 전쟁(6·25) 이후, 그가 시조 문단의 중진으로 활약했던 인물이란 데 이의가 없고[1] 1950년대부터 이태극, 박재삼, 윤성규 등과 함께 시조 부흥을 위해 노력했다는 점은 주지의 사실이다.[2] 실제로 "육당, 가람, 노산의 노삼대가가 노익장하게 선두를 달려준다면 이호우, 이영도, 고두동, 최성연, 이항녕 님들의 중견작가들이 각각 특이한 빛봉으로 창작 활동"[3] 할 것이라 예상할 정도로 소안은 촉망받았다. 소안의 시조 쓰기 방법과 관련해, "혁신적 諸試圖는 今後 그로 하여금 현대 시조 전사에 빛나는

---

1) 박을수, 『한국현대시조문학전사』, 성문각, 1996, 440면.
2) 한춘섭, 『한국시조시논총』, 을지출판공사, 1990, 40면.
3) 이태극, 「일보전진의 기세 시조 문단의 전망」, 『동아일보』, 1956.2.4.

위치를 차지하고도 남음이 있다"[4])거나 "구태를 벗어나서 그 표현에 있어서는 신시적인 기풍"[5])이 있다는 등 소안 시조를 긍정적으로 평가한 것들이 대부분이다. 물론 『은어』의 서문을 쓴 일석 이희승이 "저자는 낡은 부대에 새 술을 담기에 성공한 것"으로 평가한 것도 소안 시조의 특징과 관련된 진술이다.

하지만 소안에 대한 연구 성과는 2편 전한다. 하나는 소안과 5차례 면담을 하여 작가의 생애사를 정리한 후 이를 토대로 소재의 선택과 작품의 구조 및 의의를 논의한 글이고,[6] 다른 하나는 작자가 앓아 왔던 질병(협심증)이 시조작품에 반영된 양상을 고찰한 글이다.[7] 전자는 전기적 부분과 개괄적 검토에 집중했고 후자는 질병의 사회학적 접근이되 그것이 소안 시조의 독법으로 적용될 수 있다는 가능성을 제시한 글이었다.

이에 이 글은 기존의 성과를 토대로 소안 시조의 흐름

---

4) 이한수, 「소안 시조집 은어」, 『경향신문』, 1956.1.12.

5) 구자균, 「시조창작의 신기풍」, 『연합신문』, 1956.1.28.

6) 박창수, 「소안 최성연 시조 연구」, 한국교원대 석사논문, 1999.

7) 이영태, 「소안 시조의 연구-독법으로서의 질병」, 『한국문학과 예술』 25, 한국문학과예술연구소, 2018.

을 따라가면서 그만이 지닌 특징을 논의하고자 한다. 소안이 여타의 작가에 비해 작품수가 적은 편(시조집 2권 각각 103수와 82수)이되 1955년 등단 후 6개월 만에 103수을 묶어 시조집 『은어』를 낼 정도로 등단 이전부터 습작을 했고 그의 활동 기간이 현대사의 격동기에 걸쳐 있어 작품을 통해 시인의 현실 인식을 살펴볼 수 있을 것이다. 그에 따라 현대 시조사에서 지닌 소안의 위상을 규정할 수 있을 것이다.

2. 생활 시인의 시조관(時調觀)

소안의 시조관은 『은어』 대한 서평과 그가 쓴 논문을 동해 짐삭할 수 있다.

> 다시 소재를 더듬어 보았다. 거기에는 花朝月夕의 노래는 없었다. 어디까지나 생활과 진지하게 대결하는 생활의 리얼리즘이 있었다. 누구나 공명할 수 있는 생리화된 시조들이었다. 누구나가 겪은 생활의 축도가 있었다.[8]

---

8) 김동욱, 「생활인의 시조」, 『서울신문』, 1956.1.28.

평자는 소안의 시조에 대해 누구건 겪었을 만한 것을 소재로 삼았기에 작품 안에서 생활과 진지하게 대결하는 생활의 리얼리즘을 발견할 수 있다고 한다. 이는 "시조를 생활의 한 양식으로서 즐기는 이 작자의 태도는 누구에게나 호감을 줄만"[9]하다거나 "생활 문학"[10] "생활 시인"[11]으로 규정한 것과 유사한 경우들이다. 소재 안에 생활의 축도가 자리 잡고 있었기에 "고운 정서가 진실한 그 표현이고 보면 졸렬한 말이라도 또한 흥미가 있"[12]기 마련이고 "방언을 그대로"[13] 쓰는 일은 자연스런 일이다. 그에 따라 현대 시조사를 되돌아볼 즈음, "시조 시단의 새로운 기운이 싹트기 시작한" 것은 "핏자국」이 당선되면서부터"이고 "소재의 새로움과 표현의 새로움"은 물론 "강렬한 주제 의식으로 시를 썼다"[14]며 소안 시조를 평가

---

9) 조연현, 「신간평 소안 시조집」, 『자유신문』, 1956.1.26.

10) 이항령, 「소안 시조집 은어를 읽고」, 『평화신문』, 1956.1.21.

11) 이태극, 「소안 시조집 은어」, 『동아일보』, 1956.1.22.

12) 이병기, 「형식보다 내용이 문제」, 『서울신문』, 1956.2.5.

13) 고두동, 「서평」, 『한국일보』, 1956.1.24.

14) 이근배, 「광복 30년 시조단 개관」, 『광복 30년 문학 전집(시·시조)』, 정음사, 1975, 523~524면.

했던 것이다.

우리는 엄연히 1980년대 후반기에 생존하고 있으면서, 원하거나 말거나 정치적 또는 사회적으로 골치 아픈 사건에 연루되어 본의 아니게 매우 불편한 영향을 받는 경우가 많다. … 1987년대 7~8월에 걸친 전국적인 노사 분규 … 작게는 버스나 택시의 운행중지로 말미암아 … 걸어가는 고역을 겪지 않을 수 없다. 이러한 변을 당한 사실을 작품화한다면, 이것이 소재확대요, 아울러 현실 수용이 되는 것이다.[15]

소안이 밝힌 시조관이다. 이어 그는 작자가 현실을 외면하는 경우 '눈 딱 감고 풍월이나 읊조리며 선비 노릇'을 하여 주위 사람들에게 웃음거리가 되기 십상이라며 자신의 생각을 명확히 하였다. 시조 소재의 확대는 먼 데 있는 게 아니라 현실을 읽어내는 능력에서 비롯된다는 것이다. 소안은 『은어』의 서평들이 응축된 '생활의 리얼

---

15) 최성연, 「시조문학의 현주소-소재 확대와 현실 수용 긴요」, 『시조문학』, 1972, 여름호, 『갈매기도 사라졌는데』, 교육문화출판사, 1988, 151면 재수록

리즘'을 여전히 유지하고 있었던 것이다. 물론 1959년에 발표한 「사생도」(Ⅰ,Ⅱ)에 대하여 "최성연 씨는 현대 시조의 선구자란 정평도 있거니와 기실 현대 시조를 상징적인 기법에 의하여 현실적인 내용면으로 이끌어 온 제일인자"[16]라는 평가도 생활 리얼리즘의 연장선에 위치하고 있다.

> 한마디로 말하기는 어려워도, 값싸게 덮어놓고 쓴다고 해서 시가 되는 게 아니라는 것만은 분명합니다. 우선 공부를 많이 해야 합니다. … 그리고 역시 사람은 항상 깨어 있어야 합니다. 눈을 감고서는 아무리 무엇을 찾으려 해도 보이는 법이 아닙니다. … 깨어 있어야 시도 보이고 역사도 보이리라 생각되는군요.[17]

몸이 불편하여 거의 누워 있던 소안이 대담을 통해 인천문단의 후배들에게 남긴 말이다. 『은어』(1955)의 서평들과 소안이 스스로 언급한 시조관(1972), 그리고 후배들

---

16) 박경용, 「시단에 좋은 자극제」, 『한국일보』, 1959.6.12.
17) 조우성, 「향토사가 최성연 선생을 찾아서」, 『황해문화』 19, 새얼문화재단, 1998, 127면.

에게 당부하는 소안의 말(『황해문화』, 1998)이 일관성을 이루고 있다. 시조의 자구(字句)나 형식을 따랐다 하여 시조가 되는 게 아니다. 내용면에서, 작자가 현실을 읽어낼 수 있는 독법을 갖추고 그것을 표현해야 "소재의 확대요, 현실의 수용"18)에 해당하는 시조를 지을 수 있다는 것이다. 시조집에 대한 서평에서 언급되었던 '생활의 리얼리즘'이 그의 말년의 대담에서도 그대로 견지되고 있었다.

3. 시조 쓰기의 변모 과정과 현실 인식

소안 시조의 경향을 따라가기 위해서는 그에 대한 연보를 간략하게 제시할 필요가 있다.19)

   1914. 인천 율목동 출생(5세 때 어머니 사망)
   1923. 인천공립보통학교

---

18) 최성연, 앞의 글, 151면.
19) 박창수, 앞의 논문과 『황해문화』(1998)의 대담 내용을 참고하여 필요한 부분을 제시함.

1934.3.5. 경성공립 제2고등학교 졸업

1936.4.1. 영림서 취업

1936. 결혼

1946, 유치장(협심증 발생의 계기)

1946.5.3. 월남

1947. 동아일보사

1948. 청구사진문화사(극영화 「심판자」 제작, 1949)

1952. 인천 촉탁 공보 담당(기자 자격으로 강원도 금성의 국군 관측소 취재)

1955.7.5. 동아일보 창간 35주년 현상 문예 시조 부문에 「핏자국」 당선

1955.12. 시조집 『은어』 발간

1957. 경인일보 편집국장

1960. 전국문화단체총연합회 인천 지부 최고 위원

1964. 경기도 문화상

1976.2. 한국시조작가협회 부회장에 취임

1985. 제1회 육당시조문학상 수상

1986. 경인시조문학회 고문

1988. 시조집 『갈매기도 사라졌는데』 발간

소안은 성장기에 부모의 따뜻한 관심을 받지 못했다. 어머니가 병환으로 죽자 외조모의 슬하에 있다가 그마저도 사망하자 계모의 밑으로 들어갔다. 아버지는 부산에서 원양어선을 탔기에 1년에 한두 번 정도 만날 수 있었다고 한다. 고등학교 졸업 후 평안북도 강계의 영림서에 취업하여 자연을 가까이할 수 있는 계기를 맞았다. 소안 시조 중에서 심산유곡의 자연이 등장하는 「원앙대」, 「영월루」 등이 이때의 경험에 해당한다. 소안의 유치장에 대한 부정적인 인상은 부하 직원의 고발에 따른 것으로 이때 혹독한 취조를 당한 일이 화병을 일으켰고 훗날 그것이 고혈압과 협심증으로 이어졌다. 전쟁이 한창일 때 강원도 금성지구에 취재를 갔다가 겪은 경험을 시조 「핏자국」으로 지었는데 그것이 다음해 현상문예에 당선되었다. 그해에 시조집 『은어』(서울신문사, 1955)를 발간하였다.

  구술에 따르면 고등학교 재학 때부터 혼자 가람과 노산의 시조집을 읽으며 습작했다고 한다. 소안의 시조가 오래도록 습작을 통해 얻어진 결과였다는 점은 『은어』의 후기(後記)에 "치레가 아니라 참으로 난 문학을 모른다.

체계적으로 공부를 한 바도 없"[20]다고 스스로 밝힌 데에도 나타난다.

3-1. 젊은 시절 꿈꾸는 세계

「원앙대」

大巖山 겹친골을 갈피 찾어 드노라니
杉松이 고추배여 遮日친냥 침침한데
淸溪를 거슬러올라 이리저리 휘돌다

綠水가 紋일 놓고 맴을 돌아 흐르다는
盤石을 위여 싸고 環을 지워 潺潺한데
귀할사 한쌍 원앙이 질겨헤며 노닥이다

프드득 쭉지 차고 다급스리 내뺄제는
無賴한 나를 보고 놀랐음이 分明커늘
서운도 서운 이려니와 그보다도 민망코나

---

20) 최성연, 『은어』, 서울신문사, 1955, 106면.

뚜렷이 들뜬 石臺 맑앟게도 씻겼어라

雅淡코 향그런 냥 예가 곧 仙境이리

손끝에 玉水를 찍어 鴛鴦臺라 써두도다

  대암산 골짜기를 구비 돌아 원앙대에 도착했다. 해당 공간은 소나무가 차양을 친 듯 침침한 노정을 지나야 도착할 수 있었다. 그곳에는 누대(樓臺)라고 명명해도 될 정도의 바위가 우뚝 서 있었고 그 아래 있는 물웅덩이에는 원앙이 노닥거리고 있었다. 하지만 작자의 인기척에 놀란 원앙이 날개를 푸덕이며 물 위를 날아가 버렸다. 작자는 원앙이 노닐던 물을 손가락으로 찍어 이름 없는 반석 위에다가 원앙대라 쓰며 날아간 원앙에 대한 아쉬움을 달랬다.

  해당 시의 말미에는 "1937년 무명석대를 지나며 평북 강계·진평"이라며 창작 시기가 부기돼 있다. 이때는 작자가 영림서의 처분계에서 나무의 채벌과 벌목을 담당하면서 심산유곡을 찾아다니던 시기이다. 물론 한 해 전에 결혼을 하여 가정을 꾸린 상태에 있었다. 결혼과 취업 후, 깊은 산속에서 발견한 한 쌍의 원앙은 허투루 볼 대상이 아니었다. 원앙이 노니는 공간은 누구의 간섭도 받지 않을 정도로 소나무 그늘에 있었으며 안전한 보금자리라 해도 무방하리만큼 반석에 둘러싸여 있었다. 타인의 시선에 노출되지 않는 원앙의 철저한 사적 공간인 듯했다. 그들이 노니는 모습을 계속 지켜보려 했지만 인기척에 놀란 원앙들이 동시에 하늘로 오르자 못내 서운함(서운도 서운이려니와)이 들기도 했다. 한편으로는 원앙의 사적 공간을 침입한 자신이 민망(그보다도 민망코나)하기도 했다. 원앙이 떠났지만 그에 대한 잔상과 아쉬움, 그리고 민망함이 교직되어 원앙대라 지칭했던 것이다. 이는 차양된 공간처럼 가족의 안전한 보금자리를 꿈꾸던 작자의 바람과 관련돼 있다.

「도원경」

山고비 돌아 돌아 재를 넘어 가는 길목
적은뫼 등에지고 陽地골라 앉은 마을
조촐코 안윽한 품이 桃源이 곧 예리라

섶가리 높이쌓고 晴耕雨讀 할적시면
田庄이 좁다한들 뭣이 그리 부족하랴

갈길도 뒤숭숭하니 예서 멋고 살었으면

  산을 돌아서자 양지 바른 곳에 마을이 자리 잡고 있다. 이곳에서는 땅이 비좁더라도 열심히 농사짓다가 혹여 궂은날엔 독서하며 살아갈 수 있을 것 같았다. 시조의 말미에 "1948년 12월 안양 산골에서"라고 창작 시기가 부기된 것으로 보아, '갈 길도 뒤숭숭하니 여기 머물고 살았으면(갈길도 뒤숭숭하니 예서 멋고 살었으면)'이란 진술이 예사롭지 않다. 해당 시기는 작자가 동아일보사를 그만두고 청구사진문화사(1948.6.)를 경영하던 때이다.[21] 무슨 이유로 안양 산골에 가서 도원의 모습(境)을 운운했는지 알 수 없지만 '갈길도 뒤숭숭'이 영화 제작 과정의 어려움과 관련된 것인지 혹은 1948년의 여러 사건들 예컨대 제주 4·3 항쟁과 그에 대한 진압을 명령받은 여수순천 경비대의 10·19 사건을 반영한 것이지 알 수는 없다. 땅이 좁다한들 뭣이 그리 부족하냐며 평화롭

---

[21] 작자는 극영화 「심판자」(1949년)의 시나리오를 쓰고 제작 및 상영을 주도했다. 「심판자」는 동방극장(인천)과 서울극장(서울)에서 상영됐는데, 영화 내용 중 아버지가 밀고자인 아들을 죽이는 장면이 있어 상영 중단되었다가 해당 부분을 편집 후 다시 속개될 수 있었다.

게 농사짓고 독서할 수 있는 양지마을을 꿈꾸었던 계기는 1948년 '갈 길도 뒤숭숭'한 일련의 상황과 관련이 있게 마련이다.

「아내 1」

피곤히 잠든 아내 주름 새삼 패였는데
애성화 핑계삼되 없는 살림 탓이려라
거친손 굵어진 매디에 이맘 따라 부풀다

잠든 아내의 얼굴에서 전에 보지 못했던 주름을 발견했다. 아이들 성화를 받아주느라고 생겼거니 하면서도 그것이 궁핍함과 무관하지 않다는 것을 느꼈다. 신혼 때 아내의 가냘픈 손가락은 간데없고 손마디마다 굳은살이 박여 있었다. 아내에 대한 미안함으로 작자는 가슴 한편이 부풀어 올랐다.

3-2. 질병의 발생과 고통

 작자가 1946년 평북 강계 처분 계장으로 있을 때 고발을 당해 혹독한 취조를 당했다.

「영어음」

夢覺間 참새소리 처마밑에 다시 듣다
긴한밤 밝았으니 憂日恨이 늘지어라
敎化堂 창살틈사이 별빛마저 엷고나

 종교 시설에서 선잠을 자다가 참새소리로 인해 어슴푸레 깨어난 모습이다. 하지만 시조의 말미에 작자는, "1946년 4월 21일 미소공동위원회 결렬의 뉴스를 라디오로 듣고 누설한 죄과로 평안북도 웅천 보안서에 유치되다. 더옥 교화당이라 함은 유치장의 별칭"이라고 설명해 놓았다. 유치장에 갇혀 선잠을 자다 깨다 반복하던 경험이 진술된 시조이다. 새벽녘에 울어대던 참새 소리에 날이 샌 줄 알겠으나 오늘도 어제처럼 반복된 취조에 동일한 대답을 계속할 생각을 하니 또 다른 근심이 생길 것

같았다. 이때의 심정은 "참새떼 너이들은 獄中 나를 戱弄커니(「참새떼」)"에서도 자세히 나타나 있다. 이후 간수의 도움으로 탈옥하여 1946년 5월 3일 월남했지만[22] 화병으로 인해 고혈압이 생겼고 그것이 작자를 고질적으로 괴롭히는 협심증으로 이어졌다.

소안의 시조에는 질병의 흔적이 자주 등장한다.

「체념 1」

제명을 끈우지도 못하는 주검 앞에
펄펄 사러 남을 가솔 정상 탄하다니
차라리 몽롱하게스리 의식마저 꺼져라!

몸을 가누지 못할 정도로 병세가 심각했다. 친인척들이 모여 특정인의 주검을 준비하며 웅성대기 시작했다. 장례를 치른 후 식구들이 겪어야 할 고통들이 줄줄이 나열되고 있었다. 주검을 기다리되 의식이 남아 있던 작자

---

[22] 소안이 38선을 넘어 월남하는 과정은 "도둑 걸음으로 38선 접어들자, 으시시 쪼그라든 채 앞뒤 두루 살피다"처럼 「삼팔선」(1946년 5월)에 자세히 묘사돼 있다.

가 그것을 듣는 일은 죽음보다 슬픈 일이었다. 시조를 쓰는 지금 생각하더라도 당시에 처했던 상황은 아예 작자의 기억에서 치워버리고 싶었기에 '꺼져라!'로 마무리했던 것이다.

　병세는 악화와 호전을 반복하였다. 어떤 때는 죽음 직전까지 갔다가 호전되기도 했다. 『은어』에서는 '미련'이라는 부제로, 「소생(협심증)」, 「체념 2」, 「운명」이 나열돼 있다. 이에 대해 "하직인사 했다가는 슬였다 뜬숯덩이양(「소생[협심증]」)", "피나게 몸부림친들 죽엄길을 어쩌랴(「체념 2」)", "무섬도 괴롭도 잊고 죽엄속에 말리다(「운명」)"처럼 심장 질환에 따른 환자의 고통이 표현돼 있다. '미련'이라는 부제는 삶에 끈을 놓지 못한 자신을 가리키는 표현이었던 셈이다. 그리고 시조집 『갈매기도 사라졌는네』의 경우, '사생도'라는 부제로 묶여 있는 16수에도 질병의 고통이 온전히 그려져 있다. 특히 "지겹게 헐떡거리는 안타까운 이 숨통을, 모질게 졸라매면 작히나 좋을가마는(「어떤 운명」)", "이제는 예와 누은채 시름 잊고 잠이들다(「나의 묘지명」)"처럼 질병의 종착점에 빨리 도착하기를 바라는 마음이 진술돼 있다.

　질병은 환자 개인의 문제가 아니었다. 아내의 푸념에

서 작가 스스로 뒷잔등의 싸늘함을 느끼거나[23] 온전히 경제 활동을 못하다 보니 가족이 궁핍함을 벗어날 방법이 없다는 등[24] 특정인의 고질병은 환자의 주변 사람들이 함께 겪어야 할 고통이었다.

3-3. 소안의 현실 인식

작자는 심산유곡의 차양된 공간에서 노니는 원앙을 발견하고 가족의 안전한 보금자리를 꿈꾸었다(「원앙대」). 해당 시조에 대해, '1937년 무명석대를 지나며 평북 강계·진평'이라는 해설이 있는 것으로 보아 「원앙대」는 소안이 결혼한 지 1년이 지났을 즈음 지은 시조이다. 1948년 '갈 길도 뒤숭숭'한 일련의 사건들이 일어난 중에서도 농사짓다가 혹여 궂은날엔 독서하며 살기를 바라고 있었다(「도원경」). 각각의 시조를 통해 현실과 거리를 두고 사적 영역에 안주하고 싶은 작자의 바람을 읽어낼 수 있

---

[23] "살뜰히 섬기다가 혹여 먼저 죽어져 끝 내 당신품에 남어서 사오리다"/ 후둘적 아내 푸념에 써늘해진 뒷잔등(「아내 2」)

[24] 너댓달 앓다보니/ 호구 우선 간데없어/ 굶주린 처자 버려두고 죽어 어이 가리오(「미련」)

다는 것이다.

하지만 무고(誣告)에 따른 월남과 화병, 그리고 고혈압에서 진행된 협심증은 소안을 괴롭히는 고질병으로 자리를 잡았다(「체념 1」, 「소생(협심증)」, 「체념 2」, 「운명」, 「어떤 운명」, 「나의 묘지명」). 「핏자국」의 등단 후, 신문사에서 당선자를 찾아 청구사진문화사에 왔지만,[25] 친구가 인터뷰를 대신할 정도로 협심증은 작자를 늘 괴롭혔다.

흔히 고질병이 환자로 하여금 '인생 역정의 혼란 biographical disruption'[26]을 겪게 한다고 한다. 고질병이 환자의 일상, 환자의 대인 관계, 환자의 자아의식 등 인생 전체에 지대한 영향을 끼치기에 그렇다. 한편 그것이 환자의 "삶의 방향을 다시 생각하게 하고, 병자가 너욱 사려 깊은 사람이 될 수 있다는 것을 의미"[27] 할 정도로 긍정적인 효과를 가져 온다고 한다. 그리고 고질병 환자로서 '사려 깊은' 시선은, 예컨대 거북이의 죽

---

25) 「한결같이 겸허한 생각」, 『동아일보』, 1955.7.5.
26) 사라 네틀턴, 『건강과 질병의 사회학』, 조효제 역, 한울아카데미, 1997, 126면
27) 위의 책, 127면.

음을 통해 마샬제도 비키니 섬의 방사능 오염을 고발한 「자결」이나 '사생도'라는 부제로 묶여 있는 시조 등에서 발견할 수 있다. '사생도'의 "나 어린 凍屍體 하나(「머리카락」)" "울어쌓는 철부지 男妹(「손」)" "애놈들 울음소리(「귀」)" "갇혀 있는 어린 환자들(「아쉬운 진정이여!」)"처럼 대상들이 소외받은 걸인 아동이거나 영유아 환자들인 것도 소안이 고질병 환자로서 더욱 사려 깊은 시선을 지니게 됐다는 것과 관련이 있다.[28] 그리고 '사려 깊은 시선'이 소안의 현실 인식의 토대가 되었다.

「먼동은 트고 마리다」

숨이 막히도록
억눌린「암흑(暗黑)의 둑」을

단숨에 밀어 젖힌
억센 분류(奔流)를 보라

---

28) '병자의 사려 깊음'은 특정 질병과 동행할 수 있는 방법을 환자 스스로 찾아냈을 때 얻게 되는 것이다. 이영태, 앞의 글, 참조.

젊은 넋
태우며 튀기는
사뭇 파란 불꽃이여!

얼뜬 총부리는
마구 불을 뿜었어도

우리(檻)를 짓부수고
뛰어나온 젊은 사자(獅子)들

사납게
울부짖으며
아성(牙城)마저 무찌르다.

흉탄(凶彈)은 앙가슴을
꿰뚫고 피를 뿜게했어도

이미 싸지른 불씬 세차게 타오르나니

기어이

눈을 감고서는 아무리 무엇을 찾으려 해도 보이는 법이 아닙니다

밝아 오리다.
햇살 고루 퍼지리다.

갈수록 사위러드는
흐린 의식(意識) 돋우면서

『나보다 울부짖는
어린 동질 구해주오』

기쓰고
토막 토막 호소(呼訴)하는
아! 들것위 四月의 용사(勇士)[29]

시대를 어둠으로 공고하게 가두었던 장벽이 급작스레 무너졌다. 총부리에 기대 장벽을 유지하려 했던 어떤 시도도 감옥과 같은 우리(檻)를 뛰쳐나온 사자(獅子)들을 막을 수 없었다. 곧 사자들이 바라던 햇살이 세상을 비출

---

29) 해당 시조는 『시조문학』(1961.7.)에 발표하였다. 소안이 미소공동위원회가 결렬된 뉴스(1946.4.21.)를 누설한 혐의로 유치장에 갇혔는데, 이때도 4월이었다.

태세이다. 한쪽에서는 가슴에 흉탄이 박힌 사자가 들것에 실려 있다. 의식이 점점 흐릿해지는 상태에 있던 사자는 옆 사람에게 또박또박 그리고 천천히 '나는 괜찮으니 더욱 아파하는 어린 동지를 돌봐주시오'라며 말을 했다.

4·19 혁명이 촉발된 이유와 그것의 전개 과정을 압축적으로 제시하고 있는 시조이다. 특히 부상자가 남긴 인상적인 토막말은 혁명의 유산에 해당할 정도로 강렬함을 지니고 있다. 그리고 강렬함의 자장 안에 작자도 포함돼 있었다는 점은 작품 안에 사용된 문장 부호를 통해서도 짐작할 수 있다. 겹낫표·큰따옴표(『」:"")[30]가 현장에서 부상당한 자의 진술을 담고 있는 반면에 마침표(.)는 혁명에 대한 작자의 생각을 단정하는 기능을 하고 있다. 해당 시조에서 마침표(.)가 세 차례 등장한다. 마침표는 '해당 문장은 여기까지이고 이 다음부터는 다른 문장임'을 알려 주는 역할, 즉 문장의 분절, 문장과 문장의 구분을 해 주는 기능을 한다. 작자가 마침표를 '사자들이 아성 무찔렀다. → 불씨 타오르고, 새벽 밝아올 것이다. →

---

30) 시집에 등장하는 『」 부분은 직접 인용에 해당하는 큰따옴표("")의 기능을 하고 있다.

햇빛 고루 퍼질 것이다.'의 순서로 위치시킨 것은 임의적인 게 아니다. 작자가 혁명의 전개 과정 및 결과를 단계별로 나누어 제시하려는 의도로 문장 부호 마침표를 사용했다는 것이다. 이어서 들것에 누워 자신보다는 타인의 위급함을 운운하는 사람을 통해 혁명이 자발적이고 민주적으로 전개됐다는 점을 나타내고 있다. 그래서 마침표와 그것을 보조하는 겹낫표·큰따옴표 진술이 학생과 시민이 중심이 되어 반독재에 항거한 아시아 최초의 민주주의 혁명이라는 4·19의 의의와 밀접한 관련이 있는 셈이다.

「**독수리**」

날카롭고 큰 눈알을
부릅 뜬 바로 그대로

껌벅이는 법 한번없이
뚫어지게 쏘아보며,

먹이를 탐욕(貪慾)스럽게 쫓는

걸신들린 독수리여,

떡 벌어진 어깻죽지며
뾰족한 부리와 발톱과

엄청나게 긴 날개랑
억세고 섬뜩한 몸짓으로

갑자기
높다랗게 치솟았다가는
소릴 죽이고 맴을 돈다.

의젓하게 원(圓)을 그리며
에리(銳利)한 시각과 후각(嗅覺)으로

온갖 산새들과
들쥐·개구리·뱀까지를,

낱낱이
동태(動態)를 살핀 후에

눈을 감고서는 아무리 무엇을 찾으려 해도 보이는 법이 아닙니다

곤두박여 나꿔챈다.

익숙한 사냥꾼도
어쩌다 헛탕치고

허기(虛氣) 지면, 어쩔 수 없이
죽은 짐승을 뜯기도 한다.

먹성이 타분한걸 우쭐거릴뿐,
비명(悲鳴)쯤은 아랑곳없다.

  독수리가 사냥하는 과정이 진술돼 있다. 날카로운 부리와 발톱, 예민한 시각과 후각을 지닌 독수리는 주변의 동태를 살핀 후에 먹잇감을 낚아챌 줄 아는 능숙한 사냥꾼이다. 혹여 사냥꾼이 사냥에 실패하면 죽은 짐승이라도 찾아낼 정도로 그는 사냥에 최적화된 몸을 지니고 있다. 사냥꾼이 지닌 도구는 눈알, 어깻죽지, 부리, 발톱, 날개이고 사냥꾼의 움직임과 관련된 표현은 부릅뜬, 쏘아보며, 높다랗게 치솟다 등이다. 도구를 수식하는 단어들이 각각 '큰, 떡 벌어진, 뾰족한, 엄청나게 긴'으로 제시된 것을 보더라도 사냥꾼의 면모는 먹잇감들에게 가히 위협적이다. 반면에 온갖 산새들, 들쥐, 개구리, 뱀 등이 사냥 대상인데 그들과 관련해 특정 도구나 움직임은 제시돼 있지 않다. 그저 자신들의 운명을 요행에 맡길 뿐이다.

　위의 시조는 맹금류의 습성에 대한 설명인 듯하지만 사냥 실패에 따른 독수리의 자기변명과 비명(悲鳴)을 지르는 주체, 그리고 작자의 현실인식과 시조의 발표 시기를 감안해 다른 접근이 필요한 작품이다. 죽은 짐승을 뜯어먹는 독수리가 있다. 위협적인 사냥 도구와 움직임을 지닌 독수리가 죽은 짐승을 찾아 뜯는 일은 그에게 걸맞지 않은 모습이다. 그것을 잘 알고 있는 독수리 자신도 주변의 시선을 의식해서인지 자신의 먹성이 싱싱하지 못한 것(타분하다)을 선호한다며 과도하게 뽐내고(우쭐거리다) 있다. 마치 자신이 직접 사냥한 것인 양 죽은 짐승을 뜯고 있지만 혹여 그것이 들통이라도 날까 봐 자기변명을 하고 있는 상황이다. 그리고 비명(悲鳴)을 지르는 주체는 죽은 짐승이 아니라 독수리의 위협적인 움직임에서 살아남은 산새들, 들쥐, 개구리, 뱀 등이다. 그들이 주변의 동료들에게 위험한 상황을 알리는 소리 혹은 자기 변명하는 독수리를 흉보는 소리가 비명이었던 것이다.

작자의 현실 인식은 시조 쓰기의 방법을 통해 짐작할 수 있다.

> 니체는 고통의 이름으로 인생을 노래하라 외쳤다는데, 한국 양반들은 그러한 고통의 늪에 빠져서 허위적대느니 보다는 용하게도 뒷거름치고 물러나서 느긋하고 태평스럽게 山水며 花朝月夕의 風月이나 읊조리는 것으로 逃避策을 삼다 보면 마침내 神仙이 되기를 꿈꾸게 마련이다. … 어느 때 누구(相對)와 왜? 어떻게 싸웠으며 그 결과가 어찌 되었는가 등이 시대적 역사적 배경과 아울러 매우 또렷하게 밝히고 있다. 시대적 배경이 밝혀지지 아니하면, 이해가 곤란하여 작품의 가치가 반감되는 경우도 많다.[31]

작자는 현실을 도피하는 소재에 대해 거부감을 갖고 있다. 현실이라는 '고통의 늪에서 허우적대는 것'을 소재로 선택하면서 자아와 세계의 갈등을 또렷하게 진술

---

31) 최성연, 앞의 글, 150면. 재수록

해야 작품의 가치가 온전히 드러날 수 있다고 한다. 이것은 작자의 시조관에서 이미 지적했듯이 "원하거나 말거나 정치적 또는 사회적으로 골치 아픈 사건에 연루되어 본의 아니게 매우 불편한 영향을 받는 경우가 있"더라도 "이러한 변을 당한 사실을 작품화한다면, 이것이 곧 소재 확대요, 아울러 현실 수용이" [32]라는 주장에 해당한다. 여기서 하나 더 감안할 것은 시조의 소재가 주변인들도 경험했던 것이되 때로는 "상상을 絶한 결과를 이끌어 옴으로써 독자의 心魂을 끌어가는 魔力을 그가 갖고 있"[33]었다는 점이다.

작자의 현실 인식과 발표 시기, 독자로 하여금 상상을 絶한 결과를 이끌어 오게 하는 시조 쓰기 방법을 감안했을 때, 1986년 10월에 발표한 「독수리」는 맹금류의 습성을 서술하는 시조가 아니다. 섬뜩한 사냥 도구와 날렵한 움직임을 지닌 사냥꾼과 먹잇감에 해당하는 것들이 실제의 동물이 아니라는 것이다.[34] '상상을 絶한 결과'라는

---

32) 위의 글, 151면.

33) 박경용, 「시단에 좋은 자극제」, 『한국일보』, 1959.6.12.

34) 작자가 『갈매기도 사라졌는데』의 후기에 해당 시조를 "사회적 참여의식이 깃든 계열의 작품군"으로 규정한 것을 보더라도 「독수

상징에 기댄다면,[35] 독수리는 장비를 갖추고 일사분란하게 시위를 진압하는 경찰에 해당한다. 무엇보다 경찰의 휘장에 등장하는 조류가 독수리이기에 그것의 습성에 기대어 경찰이 시위를 진압하는 모습을 그려냈다는 것이다.[36] 예컨대 1986년 5월 3일 인천의 주안역 앞 시민회관 사거리에서 발생했던 정치적 시위 곧 인천의 5·3 민주항쟁 때 시위를 진압하던 경찰이 독수리에 해당한다. 이와 관련하여 "이날의 정치적 시위는 다양한 정치적 파급력을 행사하면서 한국의 민주화가 꽃을 피우는 1987년 6월 항쟁으로 이어졌"으며 그것이 "한국을 포함한 제3의 민주화 물결에 있어서 민주주의 이행에 선행하는 거의 공통적인 현상"[37]이라는 평가를 받을 만큼 독

리」는 맹금류의 속성과 무관한 시조이다.

35) 질베르 뒤랑, 『상징적 상상력』, 진형준 역, 문학과지성사, 1998, 127면. "상징이 이중의 의미를 지니고 있을 뿐 아니라, 하나는 구체적이고 본래적이요, 또 하나는 암시적인 비유적인 상징들의 분류 자체도, 이미지들을 그 밑에 줄지어 달고 있는 대립되는 체제(regime)들을 드러내 보여 준다."

36) 경찰의 휘장은 독수리가 날개를 펴고 무궁화를 안고 있는 모습이다(「경찰 복제에 관한 규칙」, 행정안전부령 제9호, 2017.9.5.).

37) 이준한, 「인천의 5·3 민주항쟁과 한국의 민주화」, 『인천학연구』 21, 인천대 인천학연구원, 2014, 214면.

수리의 시위 진압도 능숙한 사냥꾼을 방불케 했다. 그리고 사냥에 실패하고 우쭐대는 독수리를 향해 조롱과 냉소를 보내던 자들이 시위에 참여했던 시민과 학생들이었던 것이다.

4. 소안 시조의 위상

시조를 시기별로 수난기(1941~45), 전기 소생기(1946~50)와 후기 소생기(1950~53)로 구별한다.[38] 소안의 경우, 수난기 이전부터 습작을 하다가 후기 소생기 이후 1955년에 『동아일보』를 통해 등단했다. 소안의 시조는 이전 시대와 변별되는 점을 지니고 있었는데, 이는 심사위원장이었던 일석 이희승의 심사평에 제시돼 있다. 종래의 시조가 관념적 유희에 그쳤으나 「핏자국」은 현실을 그리려는 노력을 높이 사주었기에 당선작이 될 수 있었다는 것이다.[39] 「핏자국」은 강원도 이름 모를 어느 관

---

38) 이태극, 『시조의 사적 연구』, 반도출판사, 1982, 306면.
39) 『시조생활』, 시조생활사, 1993, 143면. 박창수, 앞의 논문, 104면 재인용.

측소에서 전쟁의 상흔으로 남은 핏자국을 보고 몸서리치며 전쟁의 비참함을 고발하는 시조이다. 특히 "젊은피 붉다못해 검게 엉겨 소원대로 내따에 깊이 슴였다가 두고두고 사리오까"라며 전쟁 참상의 안타까움을 진술하는 마지막 부분이 절정에 해당한다. 그래서 전쟁 이후 시조 시단의 새로운 기운이 싹튼 계기를 최성연의 「핏자국」에서 찾았던 것이다.[40]

소재와 표현의 새로움이 이전 시대의 시조들과 변별됐기에 등단 6개월 만에 발간한 『은어』에 대해 평자들이 '생활'을 운운하며 과찬했던 것이다.

> 한 수 한 수가 심혼의 절규요. 자기 생활을 통해 본 현대인의 움직임 아님이 없다. 소안은 곧 생활시인이라 보고 싶다. 그 작품 속에서 진실감과 직관적인 묘사안을 발견케 하여 쉬운 말로 시간율격의 뉴앙스를 체득하여서 누구나가 공명할 수 있는 현실감과 절박감을 주고 있다. 마치 두보의 시를 연상케 한다.[41]

---

40) 이근배, 앞의 책, 523면.
41) 이태극, 「소안 시조집 은어」, 『동아일보』, 1956.1.22.

생활과 결부해 소안의 시조를 이해하고 있다. 생활 시인(이태극), 생활 문학(이항령), 생활의 리얼리즘(김동욱) 등으로 평가한 경우도 있었다. 길가의 암캐가 자유롭게 배설하는 모습을 "네 행실 옳으랴만 편해서 좋을네라"(「천대꾼」)로 진술하여 분뇨를 자유롭게 배설할 수 없었던 부산 피난시절을 그려내거나 종군기자이되 전장을 소재로 삼지 않고 뽕나무 밑으로 들어가 오디를 따먹던 군인이 작자와 마주치자 멋쩍은 양 "오디 꽤나 익었네요"(「오디」)라고 표현한 것은 단순히 일상에서 일어날 만한 일이되 그것의 내면에 자리 잡고 있는 절박감과 긴밀하게 연계돼 있다. 형식 면에서도 현대 시조와 관련하여 "어디까지나 시조가 전래의 고유한 정형인 이상 자유시답게 위장시켜서 시조의 율조나 풍미를 손상시켜서는 안 된다"[42]는 주장에 어긋나지 않게 소안은 "시조에 대해 한국적인 맛과 우리말의 오밀조밀한 멋을 한껏 부려 보고 싶어서 나는 정형 시조시를 써 보느라고 버둥대고 있다"[43]며 자신의 시조 쓰기에 그대로 적용시키려

---

42) 이태극, 앞의 책, 330면.
43) 최성연, 「나와 시조」, 『주간 인천』, 1956.3.5. 소안은 평시조 이외에 사설시조 2수를 짓기도 했다. 「반란하는 봄꽃들」, 「험악해지는

노력하였다.[44]

그리고 1959년부터 1961에 걸쳐 발표한 「사생도」는 머리카락(Ⅰ), 손(Ⅱ), 눈(Ⅲ), 귀(Ⅳ), 무료아동병원(Ⅴ)을 소재로 하고 있는데, 「사생도」(Ⅰ·Ⅱ)에 대해, "최성연 씨는 현대 시조의 선구자라는 정평도 있거니와 기실 현대 시조를 상징적인 기법에 의해 현실적인 내용면으로 이끌어온 제일인자"[45]라고 평가하기도 했다. 이는 「사생도」에 대해 작자가 『갈매기도 사라졌는데』의 후기에 "인생의 삶과 죽음에 얽힌 작품군의 묶음"으로 규정했듯이 신체의 일부분을 소재로 삼았지만 그것이 삶과 죽음의 문제를 아우르고 있다는 데에서 확인할 수 있다.

기상이변」이 그것이다.

44) 정형시조를 쓰려는 작자의 노력은 「영월루」를 통해 엿볼 수 있다. 1~2연은 옛시조 형식(초·중·종장이 각각 1행)이면서 자연물에 대한 묘사이고, 3연은 초·중·종장이 각각 2행이면서 인간사에 대한 진술이다. 그러나 시조의 종장은 모두 옛시조를 형식을 따르고 있다. 소안의 이러한 노력에 대해 한상억은 「싸우는 정형시」(『경인일보』, 1956.1.15.)에서 "그는 무지각한 시조에의 비난에 엄연히 저항하여 산문시와의 공생과 평행적인 발전을 위해 싸우는 예쁜 시조인"이라 했다.

45) 박경용, 「시단에 좋은 자극제」, 『한국일보』, 1959.6.12.

5. 결론

소안은 연구자들에게 널리 알려지지 않은 시인이다. 하지만 전쟁 이후 등단 과정과 시조집에 대한 서평들을 통해 알 수 있듯, 그는 현대 시조사에서 간과해서는 안 될 시조시인이었다.

이에 필자는 소안 시조의 흐름을 따라 가면서 특징을 논의해 보았다. 부모의 관심을 받지 못한 채 성장기를 보낸 소안이 젊은 시절에 꿈꾸던 세계는 사적 공간으로서의 안정적인 가정을 꾸리는 데 있었다(「원앙대」, 「도원경」). 물론 자신의 고질병이 안락한 가정을 꾸리는 데 방해가 됐기에 아내와 아이들에 대한 미안함을 항상 갖고 있었다(「아내」 1·2, 「미련」). 소안에게 가장 아픈 체험은 영림서 근무 시절 무고로 심한 취조를 당한 것이었다(「영어음」, 「참새떼」). 이때 월남을 하고 고질병 협심증도 얻게 되었다. 물론 그것이 소안의 시조관이 정립되는 계기이기도 했다.

소안의 현실 인식은 '소재의 확대 및 현실의 수용'을 바탕으로 하고 있었다. 그에 따라 그의 시조가 '생활'에서 소재를 발견하고 그것을 표현했기에 이전 시대와 변별력을 지닐 수 있었다. 그래서 평자들이 소안 시조에서 누구건 공명할 수 있는 현실감과 절박감을 발견할 수 있다며 과찬을 보냈던 것이다. 현대사의 격동기와 관련하여, 「먼동은 트고 마리다」는 4·19혁명이 촉발된 이유와 그것의 전개 과정 및 의의를 압축적으로 제시하고 있는 작품이었다. 「독수리」는 인천의 5·3민주항쟁 때 시위를 진압하던 경찰들과 그들에게 조롱과 냉소를 보내던 시민과 학생들의 모습을 그려낸 작품으로 이해할 수 있었다. 결국 등단작 「핏자국」, 『은어』에 대한 서평들, 시조 작품들, 대담 자료 및 인천 문단의 후배에게 당부하는 말 - 깨어 있어야 시도 보이고 역사도 보인다.[46] - 등을 통해 보건대 소안은 전쟁 이후 시조 시단의 새로운 기운을 불어넣는 데 머물지 않고 어떤 상황에서도 '생활의 리얼리즘'(김동욱)을 그려내기 위해 노력해 왔던 시조시인으로 규정할 수 있었다.

하지만 그의 시조와 관련하여 규명해야 할 부분이 남아 있다. 이 글에서 본격적으로 다루지 못한 율격 구조의 특징과 작품의 기사형식, 상징체계의 특징, 그리고 신체

---

46) 조우성, 앞의 글.

의 일부를 연작의 형태로 삼은 이유 등은 앞으로 논의할 문제에 해당한다.

『한국 문학과 예술』 26,
숭실대 한국문학과예술연구소, 2018.

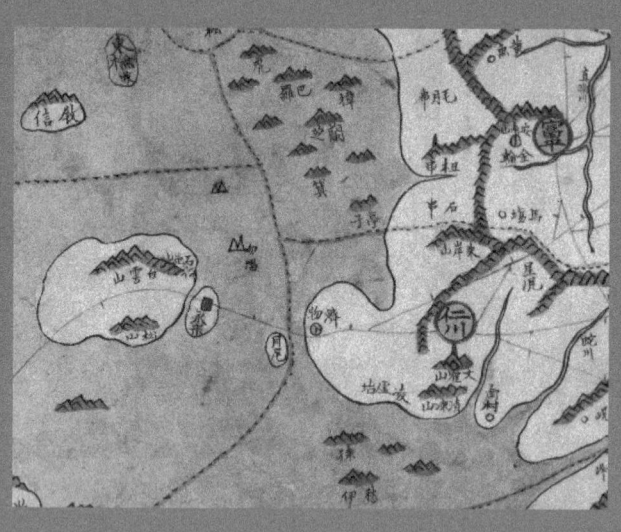

설화

고갯길 넘어서기 전에
목마름을 해소할 수
있는 샘물은 너무나
고마운 대상이다

연수구 설화의 유형과 특징

1. 머리말

연수구는 1995년 3월 1일자로 남구에서 분구(分區)되었다. 옥련동·선학동·동춘동·연수동·청학동을 비롯해 2007년에 송도동도 연수구에 편입되었다. 사정이 이러하기에 연수구의 설화는 매립된 지역의 송도동을 제외하고 기존의 남구 설화에서 연수구로 분구되기 이전의 것들을 연구 대상으로 삼아야 한다. 현재 확인 가능한 연구 대상은 10개로 이는 연수구청 홈페이지의 배너와 연동돼 있지만 『인천지방향토사담』(이훈익, 1990)의 설화가 대부분이다.[1]

연수구 설화와 관련하여 기존의 성과가 없지만 가용할 수 있는 여러 자료들을 수집 및 검토하여 향후 연구자 및 일반인들이 접근하기 쉽게 만들 필요는 있다. 이를 위해 설화의 유형을 분류하고 그것의 특성을 논의하기 앞서

---

1) 2023년 6월 현재 기준 8개의 설화가 연동돼 있다.

『구비문학개론』의 기준을 참조하되 이해하기 쉬운 명칭을 사용한다.[2]

2. 연수구 설화의 유형

유형(類型)은 공통의 특징을 지닌 것끼리 묶은 하나의 틀이라 규정할 수 있다. 비슷한 말로 종류, 갈래, 타입(type), 패턴(patten) 등이 같이 사용되곤 한다. 공통의 특징에 기대 묶는 만큼 대상에 대한 이해를 보다 쉽게 할 수 있다는 장점이 있다.

설화의 분류 시안(試案)은 다음처럼 나타낼 수 있다.[3]

Ⅰ. 사물 명칭(緣起)
　100. 자연물 : 1. 里洞 2. 山岳(嶺, 峴…) 3. 巖石 4. 洞穴
　　　　　　 5. 江川 6. 天井 7. 津浦 8. 潭沼…
　200. 인공물

---

2) 장덕순 외 3인, 『구비문학개론』, 일조각, 1971, 43면.
3) 같은 면.

고갯길 넘어서기 컨에 목마름을 해소할 수 있는 샘물은 너무나 고마운 대상이다

⑴ 遺跡 : 1. 가옥(堂, 祠, 宅, 廟, 亭…) 2. 旌門 3. 碑石
　　　　4. 寺院(庵) 5. 石塔… 10. 冢墓
⑵ 遺物 : 1. 의복 2. 음식 3. 器具
300. 인간 : 1. 씨족 2. 개인

Ⅱ. 신앙 행위
500. 인물
600. 동물 : 1. 가축 2. 조류 3. 야생 동물 4. 상상적 동물
　　　　　5. 어류
700. 식물
800. 사물

위의 분류는 설화 대상(對象)에 의한 것으로, 연수구 설화의 분류에도 유효하다. 설화 대상을 고려했을 때, 연수구 설화는 다음처럼 제시할 수 있다.

Ⅰ. 사물 명칭(緣起) - 100. 자연물 - 1. 里洞 :「먼우금설화」
Ⅰ. 사물 명칭(緣起) - 100. 자연물 - 2. 山岳(峴) :「논고개설화」
Ⅰ. 사물 명칭(緣起) - 100. 자연물 - 3. 암석 :「중바위설화」

Ⅰ. 사물 명칭(緣起) - 200. 인공물 - ⑴ 유적 -1. 가옥(祠) : 「서낭당설화」

Ⅰ. 사물 명칭(緣起) - 200. 인공물 - ⑴ 유적 - 1. 가옥(宅) : 「연일정씨가옥설화」

Ⅰ. 사물 명칭(緣起) - 200. 인공물 - ⑴ 유적 - 10. 家墓 : 「연화부수지설화」,「광주이씨묘지설화」,「도장리설화」

Ⅰ. 사물 명칭(緣起) - 300. 인간 - 2. 개인 :「아기장수 흔들 못설화」,「이재익 의리설화」

10개의 연수구 설화를 대상에 따라 유형화했는데, 이것이 설화 전승 담당층의 전승 욕구를 반영하지 않고 있기에 해당 설화의 특성을 규정하는 데에는 주요한 잣대가 될 수 없다. 이를 위해서는 전승소(傳承素)를 감안해야 한다.

첫째, 흥미소 ; 이것은 주로 민중 계층에 작용하는 전승소로서 민중들로 하여금 설화를 창작·형성·전파케 하는 동인(動因)이 된다.

둘째, 효용소 ; 이것은 무격(巫覡) 혹은 불승(佛僧)같은 종교·주술 담당자가 그들의 신앙이나 사상을 확산시키는 수

고갯길 넘어서기 컨에 목마름을 해소할 수 있는 샘물은 너무나 고마운 대상이다

단으로 작용하는 전승소로서 그들 특수 집단의 포교와 영험의 제시에 이바지 한다.

셋째, 목적소 ; 이것은 주로 상층민인 지배 계층에 작용하는 전승소로서 자기네의 문화적 우월과 교훈성을 과시하려는 목적에 의해 설화의 형성·전파에 가담하는 동인을 말한다.[4]

설화가 구전의 운명에서 벗어날 수 없기에 위의 전승소를 감안하여 설화를 이해하는 일이 합당하다. 즉 전승 동인은 전승 담당층을 구체적으로 가늠할 수 있는 방법이기에 그것을 전승시킨 이유는 물론 전승하게 된 배경까지 짐작할 수 있다. 예컨대 「중바위설화」의 경우, 설화 대상에 의거하면 'Ⅰ. 사물 명칭(緣起) - 100. 자연물 - 3. 巖石'이지만 전승소를 감안하면 물욕(物慾)을 멀리해야 하는 중이 등장하여 낭자가 바친 술맛을 절제하지 못하는 상황과 관련됐기에 '흥미소'에 의해 전승된 설화이다. 그리고 설화 대상에 따르면

---

[4] 김학성, 「삼국유사 소재 설화의 형성 및 변이 과정 시고」, 『관악어문연구』 2집, 서울대, 1977, 195~196면.

「서낭당 설화」는 'Ⅰ. 사물 명칭(緣起) - 200. 인공물 - ⑴ 유적 - 1. 가옥(祠)'에 해당하지만, 마을의 수호신이 위치한 공간에 대한 외경심(畏敬心)과 관련됐기에 '효용소'에 의해 전승된 설화이다. 이처럼 전승소가 전승 담당층의 욕구와 관련됐기에 연수구 설화의 특징을 규정할 수 있을 것이다. 이에 대해서는 다음 장에서 다룬다.

3. 연수구 설화의 특징

Ⅰ. 사물 명칭(緣起) - 100. 자연물 - 1. 里洞 : 「먼우금설화」
1. 사물 명칭(緣起) - 100. 자연물 - 2. 山岳(峴) : 「논고개설화」

「먼우금설화」는 연수동에서 동춘동으로 넘어가는 고개의 유래담이다. 특정 고개의 이름이 부여될 때 고개의 특성들 예컨대 '높은 고개', '험한 고개', '좁은 고개', '긴 고개' 등이 반영되기 마련이다. 「논고개설화」는 연일 정

고갯길 넘어서기 컨에 목마름을 해소할 수 있는 샘물은 너무나 고마운 대상이다

씨 가문에 대한 존경심을 조성하기 위해 고갯길에 '돌을 깔아 놓'은 데에서 고개 이름이 유래했다고 한다. 고갯길에 돌을 깔아 '놓은'이 발음되는 대로 '노은 → 논'으로 이해하고 있는 것이다.

하지만 '논'고개에서 '논'은 '놓다'의 의미와 거리가 멀다. 인천 남동구 논현동과 관련해, '논(論)'은 고유어 지명 형태소인 '늘+은 → 는'이 발음이 유사한 한자로 표기된 것으로 '論峴'은 '는고개' 곧 '늘어진 고개', 또는 '긴 고개'의 의미라 한다.[5] 지명과 전설의 관계에서 볼 때, '긴 고개 →논현'이란 지명이 인근의 연일 정씨 가문과 결부돼 존경심을 드러내기 위해 '뜬 돌을 깔은 고개'로 규정되었던 것이다. 결국 「논고개설화」는 연일 정씨 가문에 대한 존경심과 관련됐기에 목적소가 전승소로 작동하고 있다.

「먼우금설화」는 갯골을 따라 가면 멀지만 뱃길로는 가깝다는 데에서 출발한 지명이다. 이를 한자 표기를 하면 '원우이(遠又邇)'인데 '가깝다(邇)'가 '爾'와 통용되고

---

5) 김병욱, 「지명과 민간어원설」, 『인천학연구』 1호, 인천학연구원, 2002, 259면.

이것의 약자가 '尒'이기에 『여지도서』 방리(坊里)에 '원우이면(遠又尒面)'이 있다는 것이다.[6] 하지만 '먼우금'이 '먼오/우금'으로 '머/ㄴ/옥·욱/음'의 형태소로 규정하면, '머'는 '멀다'이고 옥·욱은 '꼬부라져 있다'의 의미이기에 '먼우금'은 "좀 먼 거리에서 완만하게 욱어 들었다"의 뜻이라는 주장도 있다.[7]

Ⅰ. 사물 명칭(緣起) - 100. 자연물 - 3. 암석 : 「중바위설화」

「중바위설화」는 「술이 나오는 바위」, 「술이 나오는 산신령 바위」, 「중이 이마로 받았다는 중바위」로 불리기도 하는 사물 명칭의 연기(緣起) 설화이다. 연기 설화가 사물이나 현상들이 원인이나 조건의 관계에 따라 일어난 것을 설화화한 것인데, 중바위의 경우 바위 위에 움푹 패인 자국의 연원을 중의 손과 무릎, 그리고 이마로 인해 생성된 것이라는 것이다. 특정 바위

---

6) 『인천의 지명유래』, 인천광역시, 1998, 118면.
7) 위의 책, 117~119면.

의 모양이 생성된 원인을 연기하면서 주변의 특징을 감안하여 등장인물이 설정된 것이다. 바위가 위치한 '산'이라는 공간과 연계돼 떠오르는 것들 예컨대 고갯길과 목마름이고 이를 해소하기 위한 방편이 휴식과 샘물이 이에 해당한다. 그리고 갈증 해소와 관련된 이야기에 머물지 않고 여인(娘子)을 등장시켜 흥미를 배가시킨 것도 일련의 장치에 해당한다. 고갯길 넘어서기 전에 목마름을 해소할 수 있는 샘물은 너무나 고마운 대상이다. 물맛을 넘어서 귀한 술맛으로 여겼을 것이다. 그래서 설화의 다른 이름으로 「술이 나오는 바위」와 「술이 나오는 산신령 바위」가 등장했던 것이다. 게다가 샘물이 나오는 공간에 패인 자국이 있는 바위가 있었으니 거기에 의미를 부여하는 것은 보편적인 일이었던 것이다. 특히 갈증을 해소하는 자를 속세와 거리를 두어야 할 중으로 설정하고 여인을 보조 인물로 설정하여 흥미를 배가시키고 있다. 욕심을 멀리하고 절제를 기본으로 삼아야 할 중이 술맛에 현혹된 모습은 "존중되던 것이 보잘 것 없고 천한 것으로 제시

될 때 생"[8])기는 희극성의 출발과 다름 아니기에 전승소는 흥미소이다.

Ⅰ. 사물 명칭(緣起) - 200. 인공물 - (1) 유적 - 1. 가옥(祠) : 「서낭당설화」

「서낭당설화」의 내용이 '산, 중턱, 당, 말목, 제사'로 연계된 것으로 보건대 선학동 길마산에 있던 서낭당의 신성성을 확보하려는 전승 담당층의 심사와 관련된 이야기이다. 서낭은 치병(治病), 제액(除厄)은 물론 마을의 안녕과 풍요 등을 지켜 주는 마을의 수호신이다. 그리고 서낭당의 위치가 "서낭당이, 나무가 아 잡목우루 여러 개가 있습니다. 여러 가지 나무가 있어요, 솔나무, 무신(무슨) 단풍나무, 그런 활엽수가, 에 그 섞여서 그 산 중턱에 가 있습니다(「서낭당설화」)"처럼 산중턱으로 나타나는데, 이는 神이 거주하는 공간이기 때문이다. 「단군신화」에서 환웅이 하강한 곳이나 단군이 아사달 산신이 됐듯이,

---

8) 앙리베르그송, 『웃음-희극성의 의미에 관한 시론』, 7쇄;정연복 옮김, 세계사, 1999, 103면.

고갯길 넘어서기 컨에 목마름을 해소할 수 있는 샘물은 너무나 고마운 대상이다

산은 천상과 지상의 통로이면서 신이 거주하는 공간이다. 신이 거주하는 공간이니만큼 神性을 지니면서 인간과 교직되기 쉬운 산의 중턱에 위치하기 마련이다. 이른바 산신당이 마을에서는 잘 보이지 않는 숲속에 자리를 잡지만 그곳에서는 마을 전체를 조망할 수 있다. 대체로 "산신은 마을을 보되, 마을은 산신을 볼 수 없게 배려"[9] 한 것이다. 설화에 나타나듯 "서낭당이, 나무가 아 잡목 우루 여러 개가 있습니다. 여러 가지 나무가 있어요, 솔나무, 무신(무슨) 단풍나무, 그런 활엽수가, 에 그 섞여서 그 산 중턱에가 있습니다(「서낭당설화」)"가 그것이다. 마을의 수호신이 위치한 공간이니만큼 그 곳에 대해 인간은 항상 외경심(畏敬心)을 지녀야 한다. 이를 간접적으로 드러내기 위해 지나가던 말의 발굽이 땅에 붙었다며 신비스런 혹은 외경심을 강제하는 내용이 부언되었던 것이다. 결국 설화의 전승소 중에서 효용소가 기능했던 것을 알 수 있다.

---

9) 이필영, 『마을신앙으로 보는 우리 문화 이야기』, 웅진닷컴, 1994, 247면.

Ⅰ. 사물 명칭(緣起) - 200. 인공물 - (1) 유적 - 10. 冢墓 : 「연화부수지설화」, 「광주이씨묘지설화」, 「도장리설화」

명당(明堂)은 '좋음 묏자리나 집터'를 지칭한다. 연수구 설화에서 이에 해당하는 것은 「광주이씨묘지설화」, 「연화부수지설화」이다. 특히 '연화부수지(蓮花浮水地)'는 밀물 때면 마치 '연꽃이 물에 떠있는 형국(蓮花浮水地)'으로 그곳에 인천 이씨의 중시조 이허겸의 묘소가 자리 잡고 있었다. 연화부수지에 석물(石物)을 세우지 않는데 그 이유는 그 무게를 못 이겨 바다로 가라앉기 때문이라 한다. 인천 이씨는 이곳에 조상의 산소를 쓴 뒤부터 고려 4백년 동안 부귀영화를 누렸다고 한다. 한편 「광주이씨묘지설화」는 명당을 빼앗았지만 풍수를 고려하지 않고 주변에 큰 나무들을 심었기에 후손들이 크게 발복(發福)하지 못했다는 내용이다.

명당의 탈취 및 취득과 관련된 것은 「석탈해신화」(『삼국유사』)에서도 확인할 수 있을 정도로 연원이 오래되었다. 명당자손(明堂子孫)이란 말이 '조상이 명당자리에 묻혔기 때문에 부귀와 영화를 누리고 있는 자손'을 가리키

듯 명당과 관련된 설화는 전국적으로 산재해 있다. 산 자와 죽은 자가 결코 무관하지 않으며 죽은 자가 영면하는 위치가 산 자의 현재에까지 영향을 미칠 수 있다는 것이다. 실패한 명당이 있는가 하면 반대로 성공한 명당도 있게 마련이다. 명당을 찾는 자는 사람일 수도 있고 동물이 등장하여 명당으로 안내하는 경우도 있다. 호랑이 목구멍에 걸린 은비녀를 뽑아 주자 명당을 알려 주었다는 설화(「호랑이가 잡아준 묘지」, 『인천지방향토사담』)가 문학산 남쪽 기슭에 전하는 것도 이런 맥락이다.

한편, 선학동의 「도장리설화」는 명당과 관련된 설화가 아니라 '도장(倒葬)' 혹은 '압장(押葬)'의 풍속에 대한 것으로 특정 지역에만 한정된 게 아니다. '도장(倒葬)'이 '자손의 묘를 조상의 묘 윗자리에 씀'을 지칭하기에, 「도장리설화」는 부평 이씨 묘의 도장(倒葬) 경우를 거론한 것이다.[10]

---

10) 선학동의 「도장이 된 유래」는 『구비문학대계 1-8』(한국정신문화연구원, 1984.)에도 채록돼 있다.

Ⅰ. 사물 명칭(緣起) - 300. 인간 - 2. 개인 : 「아기장수 흔들못설화」, 「이재익 의리설화」

「아기장수 흔들못설화」는 영웅의 면모를 지닌 아기의 출생과 사망에 대한 이야기이다. 부모가 멸족(滅族)을 당할 위기로 인식하고 아기를 죽이자 용마가 나타나 울며 하늘로 날아간다. 이러한 아기장수 설화는 전국적으로 확인할 수 있는 광포설화(廣布說話)이다. 전승 담당층이 영웅의 출현을 바라는 마음과 동시에 안신보명(安身保命)하려는 마음을 지녔다는 것을 확인할 수 있는 이야기이다.

그런데 선학동 아기장수 설화는 다소 예외적인 부분이 있다. 전반적으로 용마가 출현하여 영웅의 잉태 및 탄생을 예고하는 경우가 주류이지만, 선학동의 아기장수는 '연못물의 흔들림 → 용마 출현 → 천지진동의 소리와 뇌성벽력'으로 출현을 예고하고 있다. 이후 '아기장수의 등장과 죽음 → 용마의 울음과 사라짐'은 여타의 설화와 동일하다. 평범한 집안에서 비범한 아이가 태어나고 그것을 두려워하는 부모와 동네사람들, 그리고 아이의 죽음과 용마의 울음이 아기장수 설화의 기본 줄거리이지만,

'연못물의 흔들림 → 천지진동의 소리와 뇌성벽력'이 영웅의 등장을 예고하고 있다는 점에서 선학동 아기장수 설화를 달리 해석할 수 있다. 흔히 단순한 사건이 단순설화를 구성하다가 이후 다양한 전승층이 개입함에 따라 복합 설화로 전환되는 게 일반적인 경향이다. 예컨대 우리가 알고 있는 「공무도하가」의 배경설화가 대표적인데, 강가에서 일어난 단순 익사 사건이 전승의 과정을 거치면서 등장인물의 수가 증가하고 내용이 신비감을 띠도록 변한다는 게 그것이다.[11]

  선학동 아기장수 설화도 설화로 완성되기에 앞서 단순한 사건에서 출발된 것으로 추정되는데, 그 사건은 '연못물의 흔들림 → 천지진동의 소리와 뇌성벽력'에서 찾아야 할 것이다. '연못물의 흔들림 → 천지진동의 소리와 뇌성벽력'은 영웅의 출현을 예고하는 기능으로 견인될 정도로 일상적이지 않은 현상인데, 이는 실제로 일어난 '지진(地震)'을 가리키는 것으로 판단된다. 백과사전類에서 확인할 수 있는 『왕조실록』의 지진기록은

---

11) 이영태, 「공무도하가의 배경설화에 나타난 광부 처의 행동」, 『민족문학사연구』33호, 2007.

1,400여 건이고 1700~1799년 사이에 128회라 한다.[12] 지진이 일어나면 그것을 왕의 자질과 연계시켜 신하들은 왕에게 수기치인(修己治人)을 요구했고 그러면 왕은 식사 때 반찬 가짓수를 줄이고(減膳) 신하들의 의견을 경청(求言)했다고 한다.[13] 이른바 천재지변(天災地變)의 이유를 왕의 실정(失政)과 결부해 이해했던 게 동양의 오랜 전통이었다.

아기장수 설화의 전승층이 실제로 일어난 지진을 영웅의 등장을 예고하는 것으로 이해하면서도 그것이 몰고 올 파국을 인지하여 결국에는 자기들의 손에 의해 아기장수를 살해할 수밖에 없는 비극적 현실을 담고 있는 게 선학동 아기장수 설화라 할 수 있다. 인근에 갑옷바위 전설이 있는 것도 선학동의 지진에서 배태된 아기장수 설화와 무관하지 않을 것이다. 이런 점들을 고려하면 흥미소와 목적소가 전승소로 기능했다는 점을 알 수 있다.

「이재익 의리설화」은 연수동 출신의 이재익과 그의 친구 사이에서 벌어진 믿음과 배반에 대한 이야기이다. 친

---

12) 이상배, 「18세기 지과 관료의 인식」, 『강원사학』 15·16합집, 강원대, 2000, 121면.

13) 위의 글, 127~130면.

구에 대한 믿음으로 돈을 차용해 주었지만 그에 대한 보답은 자신의 죽음으로 귀결됐다는 게 설화의 주요 구조이다. 친한 사람 사이에서 일어날 수 있는 믿음과 배반은 특정지역에만 국한된 게 아니라 전 세계에서 발견할 수 있는 설화이다. 연수동 출신의 부자(富者)가 친구에 의해 몰락한 것이 구전된 것이라 할 수 있는데, 연수동 인근의 선학동에서도 급한 일을 당했을 때 도와주는 친구만이 진정한 친구라는 점을 시사하는 「진정한 친구」가 『구비문학대계』에 채록돼 있다.

4. 결론

연수구 설화를 전승소에 기대 검토해 보건대, 흥미소와 관련된 것으로 「중바위」, 목적소와 관련된 것으로 「논고개」, 효용소와 관련된 것으로 「서낭당」을 확인할 수 있었다.

지명 설화로는 「먼우금」과 「논고개」인데, 전자는 공간 이동의 거리감에 따라 생성된 것이고 후자는 고개의 바닥에 깔려 있던 넓적한 돌에 특정한 의미를 부여한 것이었다. 「아기장수 흔들못」은 광포 설화이지만, '연못물의 흔들림 →천지진동의 소리와 뇌성벽력'으로 연계된 것으로 보건대 '지진'이라는 천재지변을 아기장수의 등장으로 이해한 것이었다. 명당설화는 온전한 묏자리를 잡은 경우와 그렇지 못한 경우를 확인할 수 있었다. 명당이 죽은 자에 한정된 게 아니라 산 자와 긴밀하게 관련돼 있었다는 점은 여타 지역과도 동일한 것이었다.

『연수구사』, 인천광역시 연수구, 2014.

고갯길 넘어서기 컨에 목마름을 해소할 수 있는 샘물은 너무나 고마운 대상이다

仁川地方流行童謠

仁川花平里　李源盈

인쳔무사 십넌에
(곶지)떡 한개를 못먹고
케물(濟物)에 살작 도라를 선다
인쳔이라 케물포
쌀기는 조화도
악가의 몽살에 나 못살겟구나
인쳔에 방쳔에 큰큰아기
선채를 밧고서 죽엇다비
봉채르난 밧아서 염습하고
상여(喪輿)를 메고서
도라다보니
북망산쳔이 예로구나

소재의 확장

인천이라 제물포
살기는 좋아도

수로(水路) 부인, 물길 부인
– 지명을 이해하는 한 방법

『삼국유사』에 특정 여인의 납치 이야기가 전한다.

성덕왕 때 순정공이 강릉태수[지금 명주]로 부임하는 길에 바닷가에서 점심을 먹었다. … 높이가 천 길이나 되고, 그 위에는 철쭉꽃이 성하게 피어 있었다. 순정공의 부인 수로(水路)가 좌우에게 '누가 저 꽃을 꺾어 오겠는가?' 하자, 따르는 자들이 대답하기를 '사람이 이를 수 없는 곳입니다.' 하고 모두 응하지 않았다. … 또 임해정에서 점심을 먹는데 바다의 용이 갑자기 나타나 부인을 끌고 바다 속으로 들어가 버렸다. … 수로는 용모가 뛰어나 매양 깊은 산과 큰 못을 지날 때마다 여러 번 신물(神物)에게 붙들림을 당했다.(『삼국유사』,「수로부인」)

깊은 산과 큰못을 관장하는 초월적 존재들이 수로부인을 여러 차례 납치한 이유는 그녀의 빼어난 미모 때문이었다. 납치담을 방증할 이외의 자료가 전하지 않기에, 그녀를 지칭하는 수로(水路)를 한자 그대로 풀이하여 물길 부인으로 이해하기도 한다. 하지만 '수로'는 한자의 외피를 입고 있는 고유어로 물길과는 관계없는 단어이다. 예컨대 술, 수리, 솔, 소래, 살, 사리, 설 등은 최고(最高) 혹은 첫 번째를 가리키는 고유어와 관련된 것들이다. 솔개, 독수리, 설날, 수리날, 설악산 등이 이에 해당하는 단어들이다. 한자의 외피를 입기 전, '수로'의 뜻은 물길 부인이 아니라 신물들이 납치할 정도로 신라시대 최고(最高)의 미녀를 가리키는 셈이다. '수로'와 관련해 김수로왕(金首露王)이라는 단어 또한 '머리를 드러낸 왕'이 아니라 '쇠를 최고의 기술로 제련하는 자'가 왕이 되었다는 것을 가리키는 것이다.

『삼국유사』의 납치담을 통해 한자어의 뒤에 숨어 있는 고유어 사례를 소개해 보았다. 고유어가 한자 외피를 쓴 것 이외에 고유어와 고유어가 결합돼 다른 표기로 전환된 경우도 있다. 예컨대 '곶'이 '게'와 결합된 '꽃게'가 그것이다. 게딱지의 모양이 뾰족한 곶의 형상을 띤 게를 가리키면서 곶게라 했던 게 발음의 편리에 기대 꽃게로 전환된 것이다. 곶감, 꼬치, 고드름, 곡괭이, 꼬챙이 등이 뾰족한 모양과 관련된 게 우연이 아니다.

한자어의 외피를 입은 고유어와 고유어들 간의 독특한 결합 양상을 고려하지 않은 상태에서 한자어를 그대로 풀이하는 것은 그래서 신중을 기해야 한다. 특히 특정 지명을 한자에 기대 유래를 운운하는 일도 이에 해당할 것이다. 하물며 지역민들의 합의가 없는 상태에서 지명이 변경됐다면 그것이 정명(定名)으로 삼을 만한 것인지 검토할 필요가 있다.

> 인천부 내무과(內務課)에 제출된 각 동정리 총대의 손을 거처 들어온 새 이름을 보면 실로 기괴한 것이 다 있어서 이것이 동정리 주민들의 의사를 종합한 것은 물론 아니며 영어(英語) 이상으로 어려운 것과 얼토당토아니한 것에는 웃지 아니할 수도 없다는데 아직 신고 아니한 화평리 신화수리 우각리를 빼고는 다음과 같다 하며 아직 결정된 것은 아니므로 곧 부간담회에서 결정하리라 한다.(『조선중앙일보』, 1936.5.29.)

우리말 지명을 일본식 정명(町名)으로 개정하는 과정에서 벌어진 에피소드다. 기사에서 주목을 끄는 부분이 '영어 이상으로 어려운 것과 얼토당토아니한 것'이라는 표현이다. 기존의 것에 단순히 정(町)을 붙인 지명은 차치하더라도 전혀 납득이 되지 않는 정명이 포함되어 있었다. 예컨대 내리(內里)는 부내정(富內町), 외리(外里)는 경정(京町), 송현리(松峴里)는 수정(壽町)으로 개정하자는 건의가 들어왔다는 것이다. 기사의 소제목을 「괴상한 것도 있는 인천의 새 동정명(洞町名), 얼토당토 안한 것이 있어 결정 여하가 주목처」라 부기한 것도 이런 이유에서다.

얼토당토않은 것을 바로잡는 일은 그런 것들의 현황을 파악하고 자료를 검토하는 데에서 출발해야 한다. 단순히 일본식 정명(町名)을 우리식 정명(定名)으로 전환하는 데 머물 게 아니라 과거의 고유어가 한자어로 전환된 일례처럼, 수로 부인을 물길 부인으로 이해하는 오류에서 벗어나야 한다는 것이다. 그래야만 지명과 관련하여 한자의 외피를 입기 전의 고유어, 해당 고유어의 보편적 적용 사례 등이 종합되어야 일본식 지명을 극복하고 지역민들이 공공의 기억으로 삼을 만한 정명이 가능하다는 것이다. 일련의 과정이 지난한 일이되 지금이라도 현황을 파악하고 자료를 검토해야 할 이유는 여기에 있다. 성급한 판단을 내리기보다 특수성과 보편성을 동시에 아우를 수 있는 개연성을 확보해야 하는 것은 두말할 나위도 없다.

『기호일보』 2020.12.10.

젊은이 늙은이 마음껏 놀아보세
- 능허대 풍경

 백제 근초고왕 27년(372)~개로왕 21년(475) 동안 중국으로 내왕(來往)하는 사신들이 머물던 객관(客館)을 능허대라 한다. 내왕객들은 능허대 인근의 한나루(大津) 포구에서 배를 타고 중국 등주(登州)로 향했다. 인적 물적 교류의 거점이었다는 한나루의 기능을 감안하면 관련 자료가 넉넉할 만한데 실상은 그렇지 못하다. 하지만 한시를 통해 능허대 풍경을 재구성할 수 있다.

 권시(權諰, 1604~1672)가 「능허대에서 놀다(遊凌虛臺)」라는 시문을 남겼다. 그는 1627년 증광초시(增廣初試)에 합격하여 공주(公州)로 내려가기 전까지 인천에 거주하였다. 인천과 관련된 시문으로 「문학봉에 오르다(登文鶴峯)」, 「능허대(凌虛臺)」, 「문학사 벽 위에 걸려 있는 사운(四韻)의 한 수를 발견하다(文鶴寺見壁上書四韻一首)」 등이 있다.

「능허대에서 놀다(遊凌虛臺)」

歲登農事簡(세등농사간)

추수 끝나 농사일 줄고

秋半野人休(추반야인휴)

가을 깊어 시골 사람 한가롭네

正當良時暇(정당량시가)

때맞춰 좋은 시절 만났으니

盍追勝地游(합추승지유)

어찌 좋은 경치 찾아 유람하지 않을까

山盡水窮尾(산진수궁미)

산이 끝난 물가의 끄트머리

天傾海上喉(천경해상후)

하늘은 기울어 바다 위와 맞닿았네

…

少長與盤遊(소장여반유)

젊은이 늙은이 함께 마음껏 놀아보세

平地擘蛟頸(평지벽교경)

평평한 땅은 이무기 목덜미를 갈라놓은 듯

絶陘奮虎頭(절형분호두)

끊어진 산비탈은 호랑이 머리를 치켜세운 듯하네

海臍山影展(해제산영전)

바다 위엔 산 그림자 펼쳐 있고

天面水光浮(천면수광부)

하늘 맞닿은 곳엔 물빛이 떠오르네

遙帆進遙口(요범진요구)

저 멀리 돛단배 항구로 들어오고

長風落長洲(장풍락장주)

긴 바람은 모래톱으로 불어오네

潮來宇宙震(조래우주진)

밀물이 되자 우주가 진동하는 듯

汐返乾坤輏(석반건곤유)

썰물이 되자 건곤이 구르는 듯

…

太平好風景(태평호풍경)

태평성대의 좋은 풍경

莫令空自遒(막령공자주)

헛되이 보내지 않으리라

…

萬物皆自得(만물개자득)

만물은 모두 스스로 만족하는 것이니

胡爲獨惆惆(호위독추추)

어찌하여 홀로 근심할까

…

  작자가 능허대에 올랐다. '어찌 좋은 경치 찾아 유람하지 않을까(盍追勝地游)' 해서 그곳에 왔던 것이다. '산이 끝난 물가의 끄트머리(山盡水窮尾)'에 위치하고 있는 능허대는, 정상의 '평평한 땅은 이무기 목덜미를 갈라놓은 듯(平地擘蛟頭)' 했고 수직으로 '끊어진 산비탈은 호랑이 머리를 치켜세운(絶隧奮虎頭)' 모습을 하고 있었다. 그곳에서 한나루를 향하는 돛단배와 능허대 주변의 모래톱, 그리고 저 멀리 하늘과 맞닿아 있는 물빛을 조망할 수 있었다. '좋은 경치'는 시각에만 한정된 게 아니었다. '좋은'의 수식은 우주를 진동하는 듯한 파도 소리 쪽으로 확장되었다. 그리고 썰물 뒤에 드러난 갯벌은 건곤(乾坤)이 뒹굴 정도로 광활하기만 했다. '좋은 경치'가 시간에 따라 시각, 청각, 시각으로 전환됐으니 능허대에서 바라본 주변은 한마디로 '태평성대의 좋은 풍경'이었던 것이다. 좋은 풍경(好風景)은 천후(天候)와 물상(物像)이 조화를 이루고 있는 상태를 가리킨다. 하늘, 바다, 물빛, 돛단배, 밀물, 썰물 등이 자체의 본성대로 조화롭게 운용되고 있었다. 그리고 그러한 운용의 자장 안에 작자도 포함돼 있었다. 이른바 '추수 끝나 농사일 줄'었을 때 '젊은이 늙은이 함께 마음껏' 노는 일 또한 인간으로서 자연과 조화를 이루는 한 방법이었던 셈이다.

『기호일보』 2022.3.16.

인천 갑부(甲富) 이야기, 「김부자전(金富者傳)」

　어느 시대건 부자는 존재했다. 그들에 대한 시선은 설화를 통해 알 수 있다. 설화 향유층들에게 부자(富者)는 불신의 대상이다. 그들은 빈자(貧者)에게 동정적이고 부자(富者)에 대해서는 부정적이라는 것이다. 심지어 빈자가 부도덕한 경로로 부자의 돈을 강탈해도 빈자는 승리담의 주인공으로 처리된다. 빈자에게 부자는 선망의 대상이면서 동시에 탐욕스럽고 악한 비판의 대상으로 인식되기 때문이다.

　빈자의 이런 시선은 "가난하면서 원망이 없기는 어렵다(『논어』 헌문)"는 말로, 사람이 가난해 그 삶이 어려울 때에는 괜히 불평하며 남을 원망하는 마음이 일어나기에 곤궁하더라도 남을 원망하지 않는 것은 매우 어렵다는 점을 가리킨다. 하지만 이규상(李奎象, 1727~1799)이 지은 인천 갑부의 이야기 「김부자전(金富者傳)」은 예외에 해당한다. 작자는 그의 아버지 이사질(李思質)이 인천부사로 재임하는 중 1766년에 문학산 기슭(인천도호부 건너편)에 머물면서 갑부(甲富) 김한진과의 문답(問答)을 바탕으로「김부자전」을 지었다고 밝힌다.

> 대저 부자(富者)의 말은 졸렬한 듯하지만 실질적이었다. 긴밀한 기초부터 만든 것으로 암암리에 황노의 뜻에 부합하는 자인가. 천만(千萬)의 재화를 쌓았고 다섯 아들을 두어서 복을 누릴 만한데도 스스로 엎어지지 않았으니 그 기준에 준한다면 진실로 시골의 어리석은 사람도 가능하지 않겠는가. 아침저녁 밥 먹을 때 사람이 거기에 가면 매번 빈 입으로 돌아오지 않았다. 이로써 솥에 붓는 쌀이 항상 서너 말에 가까웠다고 한다. 행동하고 그치는 사이에 공손하고 삼가서 능히 스스로 지켜 밖을 부러워하지 않았으니 이는 귀한 집 자손은 마루 끝에 앉아서는 안 된다는 것을 말하는 것이다. 그 말은, '그렇게 함이 없어도 그렇게 되는 것은 또한 명(命)을 아는 자와 유사하다'고 말하는 것이다. 이런 까닭에 김부자전을 짓는다.(『일몽고(一夢稿)』「김부자전」)

김한진의 치부(致富) 방식에 몇 가지 특징이 있다. 농사 이외의 일에서 이익을 취하지 않은 점, 밭농사를 선호했던 점, 고용인을 제한적으로 부렸다는 점, 권력을 멀리했다는 점, 척박한 땅은 직접 농사지었다는 점이 그것이다. 이는 조선 후기 치부담(致富譚)과 변별되는 원칙에 해당한다. 그리고 타인의 고통을 배려한 것도 기존의 치부담에서 발견할 수 없는 부분이다. 치부를 하면서 타인에게 피해를 주는 게 일반적 경향이라 할 때, 「김부자전」에서는 그런 면을 발견할 수 없다.

차라리 자신이 손해를 입더라도 타인을 배려하는 부분, 예컨대 "내 땅이되 척박한 것을 남에게 주면 그 사람이 원하는 게 아니기에 땅은 쉽게 묵은 땅이 됩니다. 때문에 좋지 못한 땅을 골라 내가 농사를 짓는다"라는 부분에서 확인할 수 있다. 타인에 대한 배려는 타인의 치부(致富)를 간접적으로 돕는 일이고 결국에는 자신에게도 도움이 된다는 점을 김한진도 알고 있었던 것이다.

치부의 분배(分配)와 관련해, 조선 후기 치부담에서는 치부가 자기 자신을 위한 개인적인 것이거나 그것을 분배하더라도 제한된 친인척에 국한돼 있지만, 「김부자전」에서 치부의 분배 대상은 친인척을 포함해 동네 주변 사람들 모두 해당된다. '나이든 숙부가 한 분 있는데 먹는 게 궁핍해지면 곡식을 보낸다'거나 아침저녁으로 '솥에 붓는 쌀이 항상 서너 말에 가까울' 정도였다고 한다.

이는 '군자는 궁박함을 돕고 부자를 이어 주지 않는다'는 것을 실천하고 있는 사례이며 "대개 인리와 향당에는 서로 가난을 돕는 의리가 있다"는 주자(朱子)의 풀이와도 상통하고 있다. 논찬(論贊)에 「김부자전」을 지은 계기가 집약돼 있다. 이규상은 갑부 김한진의 말이 "졸렬한 듯하지만 실질적이었고 그의 그 기준에 준한다면 진실로 시골의 어리석은 사람도 가능하지 않겠는가"라며 누구나 부자가 될 수 있다고 했다.

그리고 주변인들에게 인색하지 않았으며 무엇보다 김한진의 인간 됨됨이나 치부 과정이 "그렇게 함이 없어도 그렇게 되는 것은 또한 명(命)을 아는 자와 유사하기에 「김부자전」을 짓는다"라고 밝혀 놓았다. 이규상은 일개 농사꾼 출신 김한진이 치부하는 과정과 그것을 분배하는 방식이 공자나 맹자의 가르침을 그대로 따르고 있다고 생각해 그를 입전하여 널리 알리려고 했던 것이다(必立傳闡揚).

『기호일보』 2021.7.14.

신미양요 150주년 즈음에

 강화도를 중심으로 하는 인천 연안은 전략적으로 매우 중요한 지역이었다. 고구려, 백제, 신라가 패권을 다투던 곳이었고, 고려~조선 시대에는 도성(都城)으로 향하는 수운(水運)의 길목이었다. 인천 연안은 한강, 임진강, 예성강이 합류하는 지역이면서 한반도 중부 지방을 뱃길로 연결할 수 있는 공간이었다. 특히 강화도는 외침이 잦은 곳이었다. 병자호란과 병인양요, 그리고 신미양요의 격전 공간이 강화도였다. 그리고 이러한 격전의 상흔(傷痕)이 문학류(類)에 반영되기도 했다.」

 병자호란을 몽유(夢遊) 형식에 기대 당시의 상황을 증언한 기록으로 『강도몽유록』이 있다. 작품 속에 등장하는 청허선사와 15명의 여성은 병자호란의 책임을 남성들에게 냉엄하게 묻고 있다. 남편이 군무를 소홀히 했으니 '도끼로 목이 잘려도 마땅'하다고 주장하는 여인도 있다. 삼강오륜이 생활의 기제로 작동하는 시기임에도 불구하고 전쟁 패배에 따른 책임을 남편에게서 찾고 있었다. 게다가 또 다른 여인이 등장하여 시아버지의 죄과를 운운하고 있다. 그녀에 따르면 시아버지는 강도 유수를 맡고 있었지만 그에 대한 소양이 전혀 없었다고 고백한다. 오랑캐가 등장하자 조선의 수군과 육군이 겁에 질려 줄행랑을 쳤다고 한다. 전쟁에 임하는 지배층의 무능은 백성들에게 피해를 주기 마련인데 특히 여성들에 대한 성적(性的) 수탈이 대표적이었다.『강도몽유록』에 등장하는 제4여인, 제12여인, 제13여인 등이 그들이다.

강화도 동쪽에 위치한 관방(關防) 시설은 병인양요(1866)와 신미양요(1871) 때 외국 군대와 전투를 벌였던 곳이었다.

> 천만의 국운이 불행하야 병인 칠월 초구일 문득 양선 하나이 와 다다니 이고잔 월곳시라 일읍이 경동하고 삼영이 대경하여 나라의 급히 쥬달하니 상이 또한 크게 놀라샤 … (중략) … 과연 팔월 십이일부터 양선이 오난대 … (중략) … 강화도셔난 군사 난잡히 뽀바 목슬직히니 집집이 곡성은 낭자하고 방포쇼래와 대완구 쇼래란 산쳔이 문허지난 듯 느리들리니니 정신이 아득 황황하더니 양선 발셔 가셔 서울 가문 돌가셔니 상이 대경실색하오셔 불문곡직하고 오문군 군사 긔병하여 치려하니 군병이 하나토 용맹이 업

셔 한번을 못치고 헛총을 노아(「병인양난록」)

병인양요(1866) 당시 강화도 군사체계의 실상을 전하는 「병인양난록」이라는 수기 가사(歌詞)이다. 양선(洋船, 프랑스 군함)이 두 차례에 걸쳐 등장했지만 이에 대응하는 방식은 엉망이었다. 삼영이 대경(三營이 大驚, 크게 놀람)한 것은 물론이거니와 양선이 교동을 거쳐 강화로 왔지만 이에 대한 장계는 강화의 것이 먼저 올 정도로 군사 보고체계가 엉망이었다. 그리고 이런 모습은 프랑스군이 갑곶나루에 상륙한 후 더욱 심각하게 나타났는데, "본관 삼영을 침노하니 당치 못할 줄 알고 평복하고 백성과 갓치 셧기여 동정을 살피다가 할일업시 인을 들니고 통곡하며 빠져 도망"하였던 것이다. 군인이 군복을 버리고 평상복으로 바꿔 입은 후 피난민과 섞여 도망을 치고 있었으니, 백성들이 겪어야 할 고통은 자명하기만 했다.

이런 중에 자신의 이득을 챙기는 부류들도 있었다.

불측한 백성들 노략하기를 양인과 갓치 단니더라. 양인이 노략한 짐을 닷난대로 붓잡아 지이면 잘 져다 쥬면 삭젼을

후이 쥬고 상차려 쥬어 포식을 시겨 보내니 삯짐 지기 자원
　　하난 자 무슈하며

　프랑스군이 약탈을 하면 그것을 운반하여 삯전을 받으려는 자들이 무수히 많았다(삯짐 지기 자원하난 자 무슈)고 한다. 그들이 옮기는 짐은 같은 동네 혹은 아는 사람의 것인데도 불구하고 삯짐지기를 자처하고 나서는 꼴은 화자가 진술한 대로 "슬푸다 윤기난 모도 상"했다와 다름 아니다. 윤기(倫紀)는 윤리와 기강으로 사람으로서 마땅히 지켜야 할 도리와 기강인데 그런 것들이 모두 상했다 할 정도로 짐꾼들을 향한 작자의 시선은 절망적이었다.

　　東風東望廣城墩(동풍동망광성돈)
　　동풍 맞으며 동쪽으로 광성보의 돈(墩)을 바라보니
　　殘堞危譙海雨昏(잔첩위초해우혼)
　　저물녘 성가퀴와 높은 성루에는 바다 비 내리네
　　窈想堂堂魚節制(절상당당어절제)
　　생각건대 어재연 절제사는 당당했으며
　　弟兄同日作忠魂(제형동일작충혼)

형제는 같은 날 죽어 충혼(忠魂)이 되었네

  고재형(高在亨, 1846~1916)이 저물녘에 광성진를 방문하고 어재연(魚在淵, 1823~1871) 장수를 떠올렸다. 어재연은 신미양요(1871) 때 강화도 광성진에서 전사한 명장이다.
  자전류에 양요(洋擾)라는 단어는 서양 세력이 일으킨 난리로 규정돼 있다. 양요라는 단어를 단순히 자전류나 국사책의 한편에 두기보다 그것을 꺼내어 문학류에 반영된 것을 소개하는 이유는 마침 금년이 신미양요 150주년이기 때문이다.

『기호일보』 2021.8.25.

모찌떡 하나 못 먹고 죽은 처녀
- 인천 지방 유행 동요

 동요(童謠)는 아이들이 부르는 노래이다. 아이들의 노래이기에 그것의 목적은 놀이와 관련돼 있다. 동요를 유희요(遊戲謠) 정도로 여기지만, 그것의 생성 및 전파 과정을 생각하면 간과할 수 없는 부분이 있다. 이른바 고전에 등장하는 동요는 미래의 일을 예언하거나 현실의 상황을 우회적으로 드러내는 역할을 하기에 그렇다. 예컨대 "요(堯) 임금이 천하를 다스린 지 15년, 천하의 다스림을 알 수 없자 변장하고 강구에 나아가 아이들의 노래를 들었다"(『열자』 중니 편)를 비롯해 선화 공주가 쫓겨나기 전에 불린 「서동요」, 숙종 때의 희빈 장씨와 관련된 「미나리요」 등처럼 문학류(類)와 역사류에서 쉽게 발견할 수 있다.
 다음은 『동아일보』(1923.12.1.) '지방 소식 인천호'에 실린 '인천 지방 유행 동요'다.

 인천 생활 십 년에/ 모찌떡 한 개를 못 먹고/ 제물(濟物)에

살짝 들어선다/ 인천이라 제물포/ 살기는 좋아도/ 일본인 등살에 나 못살네/

인천에 방천에 다 큰 처녀/ 선채를 받고서 죽었다네/ 봉채 근난 받아서 염습하고/ 상여(喪輿)를 메고서/ 돌아보니/ 북망산천이 여기구나

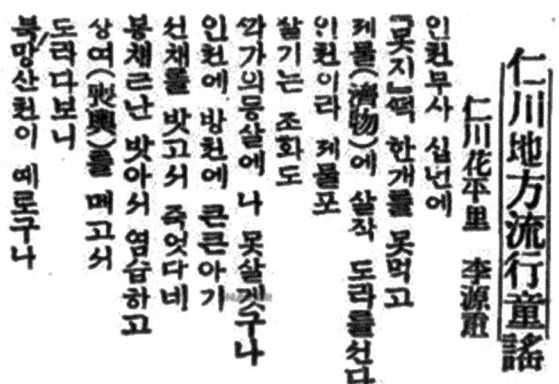

『동아일보』 1923.12.1.

  화자가 제물포에 온 지 십 년이 지났다. 고향땅을 떠나 '살기 좋다'고 소문난 곳으로 온 것이었다. 하지만 모찌떡 하나 사 먹지 않고 알뜰히 살다 제물포에 왔건만 그곳

은 살기 좋은 공간이 아니었다. 이유인즉슨 일본인들의 등쌀을 견디기 힘들어서였다. 그럼에도 화자는 십여 년을 제물포에서 악착같이 버텨냈다. 그리고 다 큰 처녀가 된 화자는 혼담이 구체적으로 진행되다가 죽음을 맞았다. 신랑 측에서 신부 쪽에 보내는 신랑의 사주와 편지, 푸른색과 붉은색 비단을 받았건만 기뻐할 틈도 없이 죽었다는 것이다. 비단으로 혼례복을 지어 입어야 마땅하건만 그것으로 시신을 감싸 염습을 했으니 화자의 삶이 딱하기만 하다. 결혼이 시작되기 전에 감당하기 힘든 비극이 닥친 모습은 그것을 목격한 사람들조차 감내하기 힘든 비극적 상황이었다. 어찌 보면, 노랫말에 나타나듯 일본인들에게 살기 좋은 곳이되 조선인에게는 '북망산천이 여기' 곧 제물포였던 것이다.

우연의 일치인 듯, 선채를 받고 죽은 여성의 모습 위로 개항장을 배회하던 채동지라는 걸인(乞人) 이야기가 오버랩(overlap) 된다. 채동지는 1910년경에 인천항으로 와서 1937년경 웃터골 부근에서 사망했다. 채동지가 걸인으로 인천항을 배회할 무렵, 전국적으로 걸인 관련 기사가 폭발적으로 늘었는데, 이 또한 1920~1930년대 제물포의 상황을 반영한 것이었다.

참고로 1연의 "인천이라 제물포/ 살기는 좋아도/ 등살에 나 못살겠구나"는 1894년 8월 일본 도쿄에서 간행한 조선어 회화책 『신찬 조선회화(新撰朝鮮會話)』에 수록돼 있는 '인천 아리랑'의 구절과 동일하다. "인천 제물포 모두 살긴 좋아도/ 왜인 위세로 난 못살겠네(인천 체밀이(제물포) 사, 살긴 죠와도/ 왜네 할가에 나 못사라)"가 그것이다. 일본인을 대상으로 하는 조선어 회화책에 '인천 아리랑'을 실은 이유에 대해 일본인들을 미워하는 인천 사람들의 인심을 미리 알려 주고 행동에 조심하도록 경고하기 위해서였다고 한다. 위의 동요에서 중국 상인 '객가[Hakka ; 客家]'인지 '인천 아리랑'에 나타난 대로 '왜네[왜인]'인지 알 수 없다. 다만 '인천 아리랑'의 파생 버전에 해당하는 황해도 '풍자요'에서도 "왜노(倭奴)의 등살에 못살겠네"로 나타나는 것으로 보아 'きゃくか'를 일본인으로 번역 해설해 보았다.

『인천일보』 2017.06.28.

인천 권번 출신의 트롯(Trot) 가수

트롯 가수의 언택트 공연이 회자되고 있다. 노래를 만들고 부른 경륜 반백년을 감안하면 해당 가수를 가황(歌皇)으로 지칭하는 것도 무리는 아니다. 초등생들조차 '테스 형'을 운운하며 가황의 몸동작을 어쭙잖게 흉내 내는 모습을 발견할 수 있는 것도 기현상이라 칭할 만하다.

트롯은 인천과 밀접한 관련이 있다. 사랑, 이별, 항구 등이 노랫말에 등장해서가 아니라 인천 권번 출신의 기생들이 유성기 음반 역사에서 또렷한 족적을 남긴 경우가 있기에 그렇다. 예컨대 장일타홍과 이화자 등이 그들이다. 장일타홍(張一朶紅, 1910?~?)과 관련하여, 그녀는 인천의 한 부요(富饒)한 집안에서 태어났지만 부친이 돌연 병사(病死)하여 가세가 기울어 겨우 보통학교를 졸업하고 어린 자매와 풍천 노숙을 했다고 한다. 이어 남은 가족을 위하여 기생이 되었으나 설상가상으로 전차금으로 받은 것까지 사기를 당했고 이후 가무(歌舞)에 정진하여 조선의 명창이 되었다고 한다(『조선중앙일보』, 1934.9.11.). 활동 기간이 1934년부터 1940년까지 짧았지만 그녀는 유성기 음반을 10장(20곡)을 남겼을 정도로 해당 음반 회사의 대표 가수였다. 대표 가요는 「첫사랑, 유일 작사, 1934」과 「옛님을 그리면서, 김억 작사, 1934」가 있다.

「첫사랑」(1934)

떠나신 님이나 이즐길업고
못오신 님이나 생각하노라
님주신 애정을 어이할거나
첫사랑 든 것이 야속하지요

'떠나신 임이나 잊을 길 없'다 하며 '밤이면 별 따라 눈물 흘'리는 모습은 기생 화자의 정서와 다름 아니다. 장일타홍이 인천 권번 출신인 것을 염두에 두면, 위의 노래는 그녀의 과거 정서를 반영하고 있는 셈이다. 「첫사랑」의 작사가 유일(劉一, 1909~?)은 본명이 전기현(全基玹)으로 서울에서 태어나 인천으로 이주해 성장했고, 인천상업학교를 졸업한 뒤 잠시 인천부청(府廳)에 근무하다가 여러 레코드사의 전속 작곡가로 활동하였다.

이화자(본명, 순재 順栽, 1918~1953)는 신민요, 잡가, 유행가를 부르던 인천 권번 출신의 가수이다. 보통학교를 졸업했고, 인천 권번에서 활동하다가 가수로 진출했다(『만선일보』, 1940. 7.31.). 그녀는 1936년 뉴코리아레코드사에서 데뷔하여 포리돌레코드사와 오케레코드사에서도 활동했다. 그녀의 데뷔곡 「초립동」을 배우려는 사람들이 전국의 레코드 상점 앞에 운집했을 정도로 그녀는 대중들에게 각광을 받던 가수였다.

「화류춘몽」(1940)

꽃다운 이팔 소년 울려도 보았으나
철없는 첫사랑에 울기도 했더란다
연지와 분을 발라 다듬은 낙화(落花) 신세
마음마저 기생이란 이름이 원수다

화자가 젊은 기생일 때에는 첫사랑에 울기도 하고 귀여움도 받았다. 그러나 결국에는 사랑에 실패할 수밖에 없었던 것은 화자 자신이 밝히고 있듯 '기생이란 이름이 원수'이기 때문이다. '기생이란 이름이 원수다'라는 부분은 사랑의 실패 원인을 기생에서 찾는 데에 한정된 것이 아니다. 기생을 자신의 운명으로 받아들일 수밖에 없다는 복합적인 심사도 담고 있는 진술이라는 것이다.

한동안 인천 권번 출신 가수들이 부른 노래의 정서가 한국 대중가요사의 한축을 이루었다. 이른바 '사랑밖에 난 몰라'류에 해당하는 노래들이다. 노랫말 화자와 화자의 상대방이 상호 교감하는 내용이기보다는 사랑에 실패하여 아파하는 화자들이 대부분이었다. 하지만 가황이 들고 나온 신곡에는 '사랑밖에 난 몰라'류에 해당하는 듯하면서도 또 다른 유(類)로 해석을 견인하는 노랫말이 있어 이것이 가황 현상의 또 다른 이유가 아닐까 한다. 그는 공연 후 인터뷰에서 자신을 흘러가는 노래를 부르는 유행가 가수라 지칭했다. '유행'이란 단어를 곱씹으며 가황 현상이 일어난 이유를 찾아 의미를 부여하는 게 노래를 즐기는 한 방법이 아닐는지.

『기호일보』 2020.10.14.

인천 개항장의 거지(걸인, 乞人), 채동지(蔡同志)

거지 이야기는 세계 어느 곳이건 존재한다. 거지는 '남에게 빌어먹고 사는 사람'인데 이에 대한 유의어로 걸식자(乞食者), 걸인(乞人)이란 표현이 있다. 흔히 사람들이 '거지 같은 게 어디 와서 행패냐' 혹은 '거지발싸개'라며 타인을 조롱할 때에도 거지라는 단어를 사용한다. 그런 거지가 존귀한 인물로 격상되어 특정 이야기를 구성하는 경우로 '왕자와 거지 이야기'가 있다.

개항장에서 채동지(蔡同志)로 불리던 걸인(乞人)이 있었다. 아이들에게 조롱을 받던 걸인 이야기가 인천 설화집에 수록된 경우는 채동지의 경우가 유일하다.

채동지 이야기는 『매일신보』(1913), 『윤치호 일기』(1920), 『개벽』(1924), 『인천석금』(1955), 『동아일보』(1959), 『향토인천』(1988), 『인천지방향토사담』(1990)에서 발견할 수 있다.

『인천석금』(1955)에 등장하는 채동지 이야기는 다음과 같다.

1. 인천에 온 35세(1910년 경)의 거인 골격의 걸인 채동지
2. 웃터골 부근에서 사망(1937년 경)
3. 서곶 출신 비운의 아기장수
4. 힘센 걸인에 대한 일본 경찰의 취조에 벙어리 행세로 벗어남.
5. 아이들의 조롱에 대한 외마디 반응, 주부들에게 호의적
6. 침(唾液)의 약효(藥效)
7. 우는 아이의 울음을 그치게 하는 '아가, 채동지 온다'
8. 흡연·음주·절도를 하지 않는 채동지
9. 영원한 수수께끼, 이인(異人) 채동지

『인천석금』 이전의 기록에서, 채동지는 자신의 타액(침)이 묻은 과자를 통해 치료 행위를 했던 '요물'이거나 '미신' 행위자로 등장한다. 하지만 인천 설화집 속에 있는 채동지는 "영원한 수수께끼 인물 채동지(『인천석금』)"이거나 "인천의 명물(『인천지방향토사담』)"로 규정돼 있다. 이야기를 구전하던 개항장 사람들에게 채동지는 단순히 걸인이거나 요물이 아니었다.

이야기의 구전(口傳)에는 전승소(傳承素)가 작동하기 마련이다. 이를 통해 구전 담당층이 그것을 전승시킨 이

유를 짐작할 수 있다. 먼저 흥미소는 주로 민중 계층에 작용하는 전승소로서 이야기를 전파시키는 동인(動因)이다. 그리고 효용소는 종교나 주술 담당자가 그들의 신앙이나 사상을 확산시키는 수단으로 기능한다. 마지막으로 목적소는 주로 지배 계층이 자기네의 문화적 우월과 교훈성을 과시하려는 목적이 개입된 동인이다.

이야기의 전승소에 기대건대, 벙어리이면서 골격이 유난히 컸던 걸인(거지)이 채동지 이야기의 원형에 해당한다. 거인 골격의 벙어리가 여타의 걸인들과 달리 음주, 흡연, 절도 등과 거리가 멀었기에 흥미소가 전승 동인이 될 수 있었다. 아기장수 출신이라든가 일본 경찰의 취조를 받았다든가 아기의 울음을 그치게 했다든가 등도 흥미소에 의해 견인된 것이다.

설화가 전승되면서 담당층들의 세계관이 반영되는데, 인천 채동지 이야기의 경우도 마찬가지다. 거인 골격의 벙어리 걸인에 대한 이야기를 전승하면서 생긴 일련의 현상들은 인천 지역 이야기 담당층들의 바람과 밀접하다. 전승층이 채동지의 출신과 관련해 아기장수를 운운하거나 경술국치(庚戌國恥) 후 망국의 한(恨)을 잊고자 일부러 거지 행각을 했다는 설명(『인천지방향토사담』)도 전승층의 이러한 심리 기제와 관련돼 있다.

    하지만 개항장 전승층이 고대하던 장수는 웃터골 주변에서 죽음을 맞았다. 그는 따스한 볕에 기대 잠을 자거나 옷을 말리거나 혹은 머릿니를 잡던 곳에서 영면(永眠)했다고 한다. 이러한 결말에도 전승층의 바람과 좌절이 반영돼 있는 셈이다.

『기호일보』 2021.12.28.

지속 가능한 섬을 위하여 – 인천팔경과 섬[島]

'○○팔경'은 '○○' 공간의 대표적인 절경을 의미한다. 팔경은 북송(北宋)의 문인화가였던 송적(宋迪)의 「소상팔경도(瀟湘八景圖)」에서 출발한다. 중국 동정호(洞庭湖) 일대의 소강과 상강이 만나는 지역을 '소상'이라 칭하는데, 이곳의 계절에 따른 운치를 여덟 제목으로 화폭에 담은 게 '팔경도'이다. 그림의 제목은 각각 평사낙안(平沙落雁), 원포귀범(遠浦歸帆), 산시청람(山市晴嵐), 강천모설(江天暮雪), 동정추월(洞庭秋月), 소상야우(瀟湘夜雨), 연사만종(煙寺晩鍾), 어촌석조(漁村夕照)이다. 기러기, 돛단배, 아지랑이, 눈, 둥근달, 밤비, 종소리 등 시각과 청각에 기대 절경으로 인식했던 것이다, 중국에서는 '소상팔경(瀟湘八景)'을 절경의 대표적인 예로 여겼다. 많은 시인 묵객들이 팔경을 소재로 시를 창작하였다.

우리나라의 경우 〈송도팔경〉, 〈관동팔경〉, 〈문경팔영〉, 〈삼척팔경〉, 〈공주십경〉, 〈평해팔영〉 등이 해당 공간의 대표적인 절경과 관련돼 있다. 인천과 관련해 〈강화십경〉, 〈교동팔경〉, 〈영종팔경〉, 〈계양팔경〉, 〈부평팔경〉,

〈서곶팔경〉, 〈용유팔경〉, 〈덕적팔경〉이 있으며 '인천팔경'이라 뭉뚱그려 있는 다섯 개 중에서 중구를 중심으로 하고 있는 네 개와 남동구의 경우 한 개가 있다.

〈강화십경〉은 강화 유수 김로진(金魯鎭, 1735~1788)이 관할 지역을 시찰하다가 풍광이 뛰어난 곳에 문인들의 자취가 뜸한 것을 애석하게 여겨 선정한 것이다. 남산대에서의 비 개인 날에 뜨는 달(南臺霽月), 북장의 봄에 기르는 말(北場春牧), 진강산으로 돌아오는 구름(鎭江歸雲), 적석사에서 바라보는 낙조(積石落照), 오두돈대에서의 고기잡이 불(鰲頭漁火), 연미정의 조운선(燕尾漕帆), 갑곶 성에 벌려 있는 초루(甲城列譙), 보문사에 밀려오는 파도(普門疊濤), 선두평의 가을걷이(船坪晚稼), 참성단의 맑은 조망(星壇淸眺)이 그것이다. 척후 및 열병의 기능을 하던 곳, 벌대총이라는 말을 기르던 곳 등 강화십경 중에서 여섯 개가 군사적 목적과 밀접한 공간이었다.

〈교동팔경〉은 동진에서 손님을 전송(東津送客), 북문에서 농사 살핌(北門觀稼), 응암에서 달구경(鷹巖賞月), 용정에서 꽃구경(龍井探花), 먼 포구의 세곡선(遠浦稅帆), 외로운 암자의 종소리(孤菴禪鍾), 서도의 고기잡이 등불(黍島漁燈), 진산의 저녁 봉화(鎭山夕烽)이다. 교동의 지리적 위치를 고려해 군사 기능(저녁 봉화), 교통(송객, 세곡선)과 생산물(고기잡이 등불, 농사) 등이 두루 선정되었다.

〈용유팔경〉은 3개의 버전이 있다. 낙조, 단풍, 바위(巖), 돛단배(歸帆), 꽃(海棠), 구황식물(蓴菜)이 등장하고 있다. 순채는 현전하는 인천팔경 중에서 유일한 음식 재료이다.

〈덕적팔경〉은 서호은파(西湖銀波) 오진섭(吳振燮)이 선정했다. 국수봉의 단풍(國壽丹楓), 용담으로 돌아오는 돛단배(龍潭歸帆), 운주산의 달(雲注望月), 황해 바다의 낙조(黃海落照), 울도의 고기잡이 불[소리](蔚島漁火[(磬]), 문갑도의 풍월(文甲風月), 선갑도의 저물녘 구름(仙接暮雲), 모래밭에 내려앉은 기러기(平沙落雁)이다. 특히 선갑도의 저물녘 구름(仙接暮雲)은 독특한 독법(讀法)이 필요하다. 이미 황해 바다의 낙조(黃海落照)가 있기에 저물녘 구름(暮雲)은 선갑도의 대부분을 구성하고 있는 화강암석과 결부해 이해해야 한다. 화강암석과 저물녘 구름에서 후자는 북새구름이다. 선갑도의 하늘 위에 북새구름이 피어났을 때, 농담을 달리하는 붉은빛이 병풍처럼 섬을 둘러싸고 있는 화강암석을 비추고 있는 모습은 여타의 낙조와 비교할 수 없는 절경이었다. 현전하는 인천팔경에서 '暮雲(저물녘 구름, 북새구름)'과 관련된 경우는 〈덕적팔경〉의 선접모운(仙接暮雲)이 유일하다.

    이제까지 인천팔경과 섬을 개괄적으로 살펴보았다. 시대와 지역을 초월해 등장하고 있었던 것은 '○○歸帆'이었다. 〈강화십경〉의 연미정의 조운선(燕尾漕帆), 〈교동팔경〉의 먼 포구의 세곡선(遠浦稅帆), 〈용유팔경〉의 팔미도로 돌아오는 돛단배(八尾歸帆), 〈덕적팔경〉의 용담으로 돌아오는 돛단배(龍潭歸帆)가 이에 해당한다. 물론 섬 지역은 아니지만 〈부평팔경〉과 〈계양팔경〉, 그리고 중구와 남동구를 중심으로 선정된 '인천팔경'에도 ○○歸帆이 있다. 해당 지역이 섬이건 바닷가와 인접해 있건 '歸帆'이 선정된 이유는 지역의 높은 공간에서 바다 쪽을 바라보면 '○○歸帆'을 감상할 수 있었기에 시대나 지역을 초월해 등장했던 것이다. 인천이 광역화되기 이전부터 섬이건 육지이건 상관없이 선정된 ○○歸帆은 인천 사람들이 공공의 기억으로 삼아도 된다는 것이다. 여타 지역과 변별되는 인천광역시의 특징이 ○○歸帆이었던 셈이다.

『인천일보』2015.12.06.

섬 정책과 조이불망(釣而不綱)

 하얀 원피스 치맛자락을 붙잡고 있는 마릴린 먼로의 동상(銅像)이 소양강 주변에 들어섰다. 1954년 먼로가 인제에 있는 미군 부대를 찾아 한 차례 위문 공연을 한 데에서 동상 건립의 이유를 찾고 있지만 해당 지역과 미국 여배우의 연결이 다소 느슨하기만 하다. 이에 대해 방송 매체나 누리꾼들이 '뜬금없음'이라는 수식을 동원해 가며 반응하는 것도 양자 간 관계에 대해 선뜻 동의할 수 없어서이다. 특정 조형물이 해당 공간에 들어서려면 그에 대한 당위가 있어야 하는데, 이에 대한 고려가 없었기에 나디난 반응이다. 이미 수천만 원의 예산이 들어갔지만 말이다.

 선갑도(仙甲島)가 채석단지로 지정되는 위험에서 벗어난 지 10개월이 지났다. 근자에는 선갑도 앞바다 모래 채취를 두고 의견이 분분하다. 특정 지역을 제외시키거나 채취량을 감소하는 방안이 제시되기도 했다. 선갑도를 채석단지로 지정하는 것을 찬성했던 쪽은 덕적군도의 한축을 이루는 섬을 개발 논리로 접근한 경우이다.

선갑도는 응회암 주상절리로 구성돼 바다의 주왕산이라 불리며 C자형 호상 해안이 전 세계적으로 유례를 찾을 수 없는 뛰어난 경관을 지니고 있는 섬이다. 응회암 주상절리는 선접모운(仙接暮雲)이라는 덕적팔경에 반영돼 있기도 하다. 저물녘 농담을 달리하는 붉은빛이 북새구름 속에서 응회암 주상절리를 비추고 있는 모습을 팔경으로 선정한 것이다. 선갑도와 채석장의 결부가 섬의 정체성을 전혀 고려하지 않은 일이기에 채석단지 지정 취소로 귀결되었던 것이다. 최근 선갑도 앞바다 모래 채취와 관련하여 가능, 불가능 혹은 채취지역과 채취량을 조정하자는 의견들이 대립하고 있다. 어떻게 귀결될지 모르겠으나 선갑도의 C자형 호상 해안이 손상되지 않는 방안도 반영됐으면 한다.

해당 지역과 관련하여 특정 행위가 개입될 때, 양자의 결합에 당위성을 확보해야 한다. 행위가 개입될 만한 지역인가, 해당 지역에 특정 행위가 개입될 만한가를 고려하는 일이 그것이다. 또한 원상태로 복원한다는 전제에 기대어 특정 행위가 개입돼야 한다.

동상은 경우에 따라 이동 설치가 가능하겠지만 응회암 주상절리의 선갑도에서 채석하는 행위는 복원의 문제가 아니라 완전한 방치로 귀결되기 십상이다. 섬에서는 한 번의 특정 행위로 해당 공간의 역사·문화·생태가 일시에 사라질 수 있기에 뭔가를 만들고 그것을 이동하거나 없애더라도 해당 지역에 피해를 최소화하는 신중함이 필요하다.

일련의 일을 돌이켜 보건대 공자의 고기 잡는 법이 떠오른다. 제자가 인(仁)에 대해서 묻자, 공자는 "낚시질을 하되 투망질은 하지 않는다(釣而不綱, 『논어』)"로 대답하였다. 어로(漁撈) 방법에 기대어 인(仁)을 설명한 것이 이채롭다. 물고기 개체수가 안정적으로 유지되고 있는 특정한 호수가 있다고 하자. 그곳에서 낚시질을 하더라도 그것이 물고기 개체수를 변동시키지 않기에 낚시꾼의 후손들도 조상들이 즐겼던 일을 계속 할 수 있다. 한편 투망질로 물고기를 잡는 사람은 순간의 어획량을 보고 즐거워하겠지만 물고기의 개체수가 어획량을 쫓지 못하기에 종국에는 호수가 황폐화되어 그의 후손들은 물고기의 흔적을 발견할 수 없을 것이다.

인(仁)에 대한 공자의 예시는 호수와 물고기, 그리고 인간이 모두 관계를 지속할 수 있는 방법이 무엇인지를 시사하는 구절이다. 이는 어로 활동에만 한정되는 게 아니다. 특히 섬과 관련된 정책을 입안하고 시행할 때에는 육지와 변별되는 특성을 반드시 감안해야 한다. 혹여 섬 관련 정책이 가시적인 성과를 내는 투망질인지 아니면 섬과 인간이 오래도록 관계를 지속시킬 수 있는 낚시질인지 말이다.

   지속 가능한 섬을 만드는 전제는 "낚시질을 하되 투망질하지 않는다(釣而不綱)"이다. 이른바 "지자는 즐거워하며 인자는 오래간다(知者樂 仁者壽)"는 구절에서 섬과 관련하여 '오래간다(壽)'에 의미를 부여하면, 섬과 인간의 관계가 세대를 넘어 지속적으로 유지된 상태를 가리킨다. 섬 관련 정책을 세울 때 공자의 물고기 잡는 법을 염두에 둘 이유는 여기에 있다.

『인천일보』 2018.1.19.

꿈같은 대청도 근해의 고래잡이
- 신화처럼 소리치는 고래 잡으러

포경(捕鯨, 고래잡이)은 수렵 활동이었다. 울주군 반구대 암각화에 나타나듯 소형 어선을 타고 고래를 잡는 일은 원시시대의 일상적인 어로 활동이었다.

근대의 포경업은 자원 확보와 관련이 깊다. 고래의 두툼한 지방이 밤을 밝히는 등유(燈油)로, 그것의 수염은 생활용품으로 가공됐다. 17~19세기 네덜란드·영국·미국 등 포경선이 북극해와 태평양에서 향유고래·참고래·귀신고래 등을 포획했고, 19세기 말에 이르러 러시아와 일본노 포경입에 가세했다.

우리나라 포경업은 제국주의 침탈 과정을 그대로 반영하고 있다. 1899년 대한제국을 강압해 포경특허 계약을 따낸 러시아는 장생포 등지를 어업기지 삼아 동해에서 대규모 포경사업을 전개했다. 1900년 포경 특허를 받은 일본은 러일전쟁(1905년) 승리를 계기로 러시아의 포경을 금지시키고 1945년 해방 때까지 한반도 연안의 포경업을 아예 독점하다시피 했다.

1909년 일본은 동양포경주식회사(東洋捕鯨株式會社)를 설립하고, 울산(蔚山)·장전(長箭)·대흑산도(大黑山島)·거제도(巨濟島) 등에 사업장을 열었다. 1918년에는 대청도(大靑島), 1926년 제주도(濟州島)로 확장했다. 대청도는 1930년대 초까지 포경업이 활발했던 곳이었다. 대청도의 경우, 대왕고래의 3두수는 당해 연도 전국 총 포획수이며 긴수염고래는 총 포획의 40%에 해당했다. 1931년에도 대왕고래 3두수를 포획했는데 이것이 해당 고래의 전국 총 포획수였다(〈농업통계표〉 1926~1935년)고 한다.

그러나 1934년부터 대청도 포경업은 급속하게 쇠퇴했다. 고래 어획량과 수요가 급격히 감소함에 따라 결국 포경업 기지를 대청도에서 대흑산도로 옮겨야 했다. 일제는 동해와 서해, 남해 바다를 가리지 않고 고래를 남획해 마침내 서해에서는 고래의 흔적을 삭제해 버렸다. 가끔 어민들의 그물에 고래가 걸려 올라오는 경우, 언론에서 희한한 사건으로 보도할 정도로 연근해의 고래는 거의 자취를 감췄다. 그래서인지 어느 때부터인지, 고래는 내면의 희망을 상징하는 단어로 자리를 잡았다.

인천 출신의 가수 송창식이 부른 「고래사냥」 노래 중에 "술 마시고 노래하고… 신화처럼 소리치는 고래 잡으러"

라는 구절이 있다. 송창식 작곡, 최인호 작사의 이 노래는 영화 '바보들의 행진'(1975)의 OST 중 한 곡이었다. 하길종이 감독하고 소설가 최인호가 극본을 쓴 이 영화는 군 입대를 앞둔 청춘들의 방황과 좌절을 소재로 했지만, 실은 박정희 유신 정권의 폭압을 반항적 독법으로 그려낸 영화였다. 「고래사냥」에서 '고래'는 청춘들의 이상과 꿈을, '사냥'은 꿈을 좇는 여정을 가리키고 있기에 그렇다.

하지만 영화의 OST로 등장했던 「왜 불러」가 단속 경찰을 피해 달아나는 주인공들의 도주 장면에 삽입된 것을 문제 삼던 공연윤리위원회는 '고래'의 의미를 추궁하다가 「왜 불러」와 함께 「고래사냥」을 금지곡으로 묶었다. 그러자 청춘들에게 「고래사냥」은 시도 때도 없이 불리는 애창곡이 됐다. 대학가 인근 술집에서, 엠티(MT) 장소에서, 때로는 시위 현장에서까지 「고래사냥」이 터져 나왔다.

고래와 대청도의 친연성을 살피면서, 이참에 각자 스스로 고래의 꿈이 무엇인지 고민하는 것도 지역학과 인문학의 교직이 아닌가 생각해 본다.

『기호일보』 2021.11.1.

조강(祖江)의 물이 서해 5도의 어장으로 흘러

 탄핵을 받아 계양부사로 부임하던 이규보가 조강을 건너면서 지은 「조강부(祖江賦)」가 있다.

 정우 7년 4월에 내가 좌보궐(左補闕)에서 탄핵을 받고 얼마 후에 계양으로 부임하는 길에 조강을 건너려고 하였다. 이 조강은 본래 물결이 빠르고 세찬데다 마침 폭풍을 만나 온갖 곤란을 겪은 후에 건너게 되었다. 그래서 이 부(賦)를 지어 신세를 슬퍼하고 끝내 마음을 스스로 달래었다.

 조강은 한강과 임진강이 합류한 수역(水域)을 가리킨다. 조강의 물이 서쪽으로 흘러 강화의 갑곶(甲串)에 닿고 그것이 제비꼬리 모양으로 교동과 염하 쪽으로 갈라져 각각 바다에 다다른다. 물길이 역(逆)으로 바다에서 상류를 향하면 한반도 중부지방까지 뱃길로 연결할 수 있을 정도로 조강은 수운(水運)의 요충지에 위치하고 있다. 삼국 시대에 패권을 다투거나, 고려~조선 시대에 송도(개성)나 한양(서울)을 향하는 조운선이 반드시 거쳐야 할 물길이 조강이었던 것이다. 그만큼 조강을 따라 수많은 나루와 포구들이 들어서고 인적 물적 교류가 활발할 수 있었다.

조강의 물이 바닷물과 합수하는 연안 해역에 어장이 형성됐는데, 흔히 경기만(京畿灣) 주변의 어장이 그것이다. 경기만은 인천과 경기 서쪽 한강의 강구(江口)를 중심으로 북쪽의 장산곶과 남쪽의 태안반도 사이에 있는 반원형의 만(灣)을 지칭한다. 북쪽으로 해주, 남쪽으로 남양, 동쪽으로 황해도·교동도·강화·김포·인천·안산·대부도, 서쪽으로 46개의 섬으로 이루어진 덕적 군도(群島)가 여기에 포함된다. 해당 지역은 내륙과 바다가 인접해 있어 조석 간만의 차가 심해 갯벌과 모래밭이 고랑과 마의 형태로 이루어진 입지 조건을 갖추고 있다.

1910년 이후 인천 연근해 어장은 황금 어장으로 널리 알려져 백령도, 대청도와 굴업도어장 등에 중국과 일본 어선들도 몰려들었다. 백령도의 홍어잡이, 대청도의 고래잡이, 연평도와 굴업도의 조기 파시 등으로 전국의 고깃배들이 집결했다.

그러나 휴전 협정(1953.7.27.) 이후 조강 대부분이 비

무장지대(DMZ)에 편제되어 연안 해안 수역은 군사 분계선의 경계에 의해 60여 년 동안 남북 대치를 상징하는 곳이었다. 어로한계선의 설정으로 인해 극히 일부분 수역에서만 제한된 시간에 한해 어로 활동을 할 수 있었다. 과거의 황금 어장은 가고 싶어도 갈 수 없는 수역이 되었다.

한반도 최대 화약고인 서해 북방 한계선 일대가 〈판문점 선언〉(2019.4.27.)을 계기로 옛날의 황금어장으로 전환될 계기를 맞았다. 선언의 제2조 2항에 "남과 북은 서해 북방 한계선(NLL) 일대를 평화 수역으로 만들어 우발적인 군사적 충돌을 방지하고 안전한 어로 활동을 보장하기 위한 실제적 대책을 세워 나가기로 했다"고 명시해 놓았다.

서해 5도 어민협의체를 모태로 하는 '서해평화수역 운동본부'는 제2조 2항의 실제적 대책을 '바다 위 개성공단'이라 일컫는 해상 파시(波市)로 제시하기도 했다. 해상 파시는 남북 공동 관리 아래 백령도와 연평도 앞 NLL 부근에 바지선을 띄워 어장을 관리하고 중국 어선의 불법 조업을 막아냄으로써 남측 어민들의 어업을 보호하고, 북측이 조업한 수산물을 남측이 매입하는 것을 포함하는 사업이다. 평화 수역이 조성되면 북한 어민은 NLL 북쪽에서 조업하고, 남한 어민은 남쪽 수역에서 조업하되, 북한이 잡은 수산물을 해상파시를 통해 남한에 유통시키자는 구상이다. 게다가 황해 냉수대가 조성돼 있는 장산곶과 옹진반도 일대 수역은 해조류 양식의 최적지이기에, 향후 수산업 경협을 기대할 수 있는 곳이라고 한다.

연평도 어촌 계장은 "평화 수역, 공동 어로 구역이라 해서 무조건 잡으면 안 된다. 우선 어장 실태 조사를 하고, 그것을 바탕으로 수산자원 보호 구역을 설정하고, 남북이 각자 어로 구역을 설정해 조업하게 한 뒤, 백령도와 연평도 인근 수역에 해상파시를 열어 교역하면 된다"(『오마이 뉴스』 2018.7.16.)고 말했다.

조강의 물길과 경기만의 영역을 감안할 때, 인천광역권이 점유하는 공간은 여타 지자체에 비해 절대적으로 광범위하다. 그에 따라 인천시가 조직 부문에서는 서해 평화협력청 설치·UN 평화사무국 송도 유치, 경제 부분에서는 남북 공동경제자유구역 지정, 교통 부문에서는 영종~신도~강화 연도교 건설 등의 정책을 추진하고 있는 것이다.

이규보가 역정을 내며 건넜던 조강이 남북한의 경제 및 세계 평화와 관련된 물길로 견인됐으니, 이것이 소리 없는 메아리에 그치지 않기를 바랄 뿐이다.

『기호일보』 2021.3.17.

하천(河川)이 살아야 도시가 산다

  하천(河川)은 큰 물(河)과 작은 물(川)의 합성어이다. 큰 물과 작은 물이 모인 하천 중에서 규모가 큰 것을 강(江), 작은 것을 천(川)이라 한다. 하천에서 중요한 것은 유량(流量)으로, 강과 천의 구별에서도 그것이 기준이다. 인천에는 강은 없고 모두 지방 2급 하천과 소하천들만 있다. 하천은 산의 규모나 위치에 영향을 받아 생성되는데 인천의 경우, 구릉성 지형이면서 규모 또한 크지 않기에 큰 하천이 발달하지 못했다.

  인천광역권역 전체에 하천이 31개가량 있는데, 그중에서 도심(都心)을 관통해서 각각 서해 바다와 한강으로 흘러가는 하천으로 승기천과 굴포천이 있다. 승기천의 발원지에 대해 수봉산 인근의 미추홀구 주안동과 용현동이라는 설(說)이 있지만 일대가 개발되어 정확한 지점을 확정할 수는 없다. 예전에 승기천은 수봉산 인근~관교동~남촌동~논현동을 거쳐 서해 바다로 흘렀지만 구불구불한 물길을 직선화하는 공사로 인해 동춘동 동막 쪽에서 바다로 흐르고 있다.

굴포천은 부평구의 칠성약수터(원통천)에서 발원하여 도심과 공단구역을 통과하고 부천시와 김포시의 일부분을 걸쳐 한강에 다다르는 하천이다. 굴포천은 독립된 하나의 물길이 아니라 원통천, 굴현천, 계산천, 청천천, 계양천 등의 지류가 합류하여 흐르는 하천이다. 인천의 도심을 거쳐 서해 바다와 한강으로 흘러가는 대표적인 하천이 승기천과 굴포천인 셈이다.

이렇듯 인천의 대표적인 하천이 도심을 따라 물길이 형성됐는데도 불구하고 시민들은 그것에 쉽게 접근할 수 없었다. 도시화와 산업화에 따른 하천의 복개(覆蓋)가 시민들의 접근성을 떨어뜨렸던 것이다. 하천이 도시의 오수(汚水)와 공장의 폐수가 이동하는 물길로 바뀌어 수질 및 악취 문제 등을 일으키자 그것을 해소하는 가시적인 방법으로 하천을 복개하였다. 하천의 윗부분에 덮개 구조물을 설치해 도로, 주차장 등으로 이용할 수 있는 공간을 확보하고 환경 문제를 해결하려 했던 것이다. 인구의 집중과 오수·폐수의 증가, 그리고 주택난과 교통난을 해소하는 한 방편으로 도심의 하천 복개가 전국적으로 이루어졌다. 주택단지나 공단이 들어서면 으레 하천의 복개를 당연한 것으로 받아들이던 때가 있었다는 것이다.

하천 복개는 하천을 사라지게 하는 대표적인 원인이다. 이런 과정에서 승기천과 굴포천도 예외일 수 없었다. 승기천과 굴포천의 곡선형 지류들이 직선화 공사로 인해 인위적인 물길로 바뀐 것도 도시화 및 산업화에 따른 하천 복개에서 비롯된 것이었다.

서울의 청계천 복원 사업(2005년)을 시작으로 지자체들은 해당 지역의 대표적인 하천을 정비하는 사업에 관심을 두었다. 1995년 지방 자치 시대를 맞아 개개의 지역은 여타의 공간과 변별되는 정체성을 찾는 일에 골몰했는데, 그 중에 하나가 과거의 하천을 복원하는 것이었다. 도시화와 산업화에 밀려 방치되거나 복개된 하천들의 일부분이라도 시민들의 친수(親水) 공간으로 전환되면 그것이 지역의 문화 정체성과 관련된 콘텐츠를 하나 더 추가하는 셈이었기에 하천 정비에 나섰던 것이다. 물론 하천을 정비하는 토대에는 그것에 동의하고 환경을 개선하고자 하는 시민들의 성숙한 의식이 자리 잡고 있었다.

인천의 경우, 승기천과 굴포천 복원 계획이 있다. 승기천 복원 사업은 2025년까지 미추홀구 주안동 용일사거리~승기사거리 2㎞ 구간에서 진행된다. 부평구에서는 부평1동 주민센터~부평구청까지 하수시설과 주차장으로 사용되고 있는 굴포천의 상류 구간을 생태하천으로 복원할 계획을 세웠다. 2022년까지 해당 구역을 시민들의 친수 공간으로 만들 계획이라고 한다.

> 이 법은 하천사용의 이익을 증진하고 하천을 자연친화적으로 정비·보전하며 하천의 유수(流水)로 인한 피해를 예방하기 위하여 하천의 지정·관리·사용 및 보전 등에 관한 사항을 규정함으로써 하천을 적정하게 관리하고 공공복리의 증진에 이바지함을 목적으로 한다.(《하천법》 제1장 제1조)

법 조항에서 눈에 띄는 곳은 '자연 친화적으로 정비'와 '공공복리의 증진에 이바지함'이란 부분이다. 도시화와 산업화에 밀려 하천이 복개되던 시절에는 감히 염두에 둘 수 없었던 표현들이다. 결국 기능이 퇴색된 복개 구간 중에서 일부 구역만이라도 원래의 하천으로 복원해야 하는데 이는 '자연 친화'와 '공공복리'를 누릴 시민의 권리에 해당하는 일이기도 하다.《하천법》제1장 제1조의 근간에는 '하천이 살아야 도시가 산다'는 말이 자리 잡고 있는 셈이다.

『기호일보』 2021.5.26.

솔개의 아직도 못다 한 사랑

 대중이 즐겨 부르는 노래를 가요(歌謠)라 한다. 가(歌)라는 글자에 입을 크게 벌려 하품하는 모습(欠, 하품 흠)이 결부된 것도 '부르다'는 노래의 특성을 반영하고 있는 셈이다. 하품을 할 수 있는 자라면 누구건 가요를 흥얼거릴 수 있다는 것이다. 흥얼거림의 정도가 음률에 잘 맞는지 아닌지는 청자들이 평가해야 할 부분이다.

 노래하는 자들 중에서 '노래 부르는 것을 업(業)으로 삼은 사람'을 가수(歌手)는 지칭한다. 그들은 노래하는 행위를 직업으로 삼을 만큼 그 실력 또한 예사 사람들을 훨씬 뛰어넘기 마련이다. 예컨대 타인과 변별되는 음색(音色)과 어조(語調), 특정 박자의 긴장과 이완을 조절하는 능력, 노랫말을 전달하는 능력 등을 갖춘 자라야 비로소 가수라 할 만하다. 생득적(生得的) 자질이 가수의 중요한 요건인 것이다. 가수들 대부분 타인이 작사 작곡한 노래를 부른다. '노래 부르는 것을 업(業)으로 삼'았지만 작곡(作曲)이나 작사(作詞)를 하는 능력까지는 '업'에 미치지 못하기에 그저 가수의 본업에 전념할 뿐이다.

가수들 중에서 자신이 작사 및 작곡한 노래를 직접 부르는 자들을 싱어송라이터(singer-songwriter)라고 한다. 작사가, 작곡가, 가수라는 업을 동시에 수행하기에 이런 능력을 지닌 자들은 흔치 않다. 인천 출신 한정선(1960~2019년)이 이에 해당하는 뮤지션(musician)이다.

한정선은 80년대 초 '솔개트리오'를 이끌며 젊은 음악을 부흥시킨 싱어송라이터이다.

흔히 "오늘도 갈대밭에 저 홀로 우는 새는"으로 시작되는 한정선의 노래 「아직도 못다 한 사랑」은 고려속요 「정과정곡」을 방불케 하는 설정이다. '내 임을 그리워해 울며 지내니/ 산 접동새와 난 비슷합니다/ 임께서 믿고 있는 것은 사실이 아니며/…/임이 벌써 나를 잊으셨습니까/ 아소 임아, 돌이켜 들으시어 사랑해 주소서'라는 옛날 노래에 등장하는 접동새와 오해로 인한 이별, 그리고 그것을 받아들이지 못하고 있는 화자의 처지 등이 이에 해당한다.

고려속요의 대표적인 이별 정서가 오롯이 드러나 있는 노래로 「여인」도 있다. "여인이여 비에 젖은 창문을…왜 잊으셨나요"로 전개되는 노래인데, 그 사이에는 남녀 이별의 수동적 정서가 채워져 있다. 흔히 정인(情人)과의 이별을 눈물로 표현한다. 때마침 비라도 내려 눈물과 빗

물이 섞이는 상황이라면 눈물은 타인을 의식하지 않고 더더욱 흩뿌리게 마련이다. 이별을 받아들이지 못하는 화자는 정인의 집으로 향하며 연인들의 다정한 모습을 통해 자신의 외로운 그림자를 발견한다. 창문 너머에 어떠한 움직임도 발견할 수 없었던 화자는 그저 소리 없는 메아리처럼 자신을 향해 '왜 잊으셨나요'를 되뇔 뿐이었다. 정인을 향한 화자의 이러한 소극적 심사 또한 고려속요에서 흔히 발견되는 정서(情緖)이다.

인천 신흥동에서 출생해 청소년기 청년기를 인천 중구에서 보낸 한정선은 정식 음악 교육이라고는 단 한 차례도 받아보지 못했다. 자작곡 수백여 곡(미발표 100곡)라는 숫자에서 알 수 있듯이 인천의 대표적 싱어송라이터로서 탁월한 능력을 발휘했다.

한정선이 솔개처럼 하늘을 향해 날아간 지 어언 3년이 지났다. 그가 배회하던 동인천역 주변과 신포동, 인천 바닷가 등 인천 공간이 그의 자작곡 창작의 토양이었다. 우리는 그저 '난 몰라요 이 가슴에 아직도 못다 한 사랑'을 흥얼거리면서 높디 날던 솔개를 기억할 수 있어 다행일 뿐이다.

『기호일보』 2023.2.22.

저자의 집필 도서 목록

인천 지역 연구

『인천 지역 일본식 지명 조사 연구』(공저, 2020)

『옛지도와 함께하는 한시 여행 - 인천으로 가는 길』 (2017, 세종도서 교양 부문 선정 도서)

『장봉도』(공저, 2017)

『덕적도』(공저, 2016)

『역주(譯註) 속수증보강도지』(공역, 2016)

『교동도』(공저, 2015)

『갑골로 읽는 인천문화사』(2015)

『서해 5도민의 삶과 문화』(공지, 2015)

『인천 고전 문학의 현재적 의미와 문화정체성』(2014)

『역주(譯註) 삼항구관초』(공역, 2012)

『인천역사 - 인천 향토사의 재조명』(공저, 2011)

『역주(譯註) 강도고금시선(후집)』(공역, 2011)

『역주(譯註) 강도고금시선(전집)』(공역, 2010)

『인천 고전문학의 이해』(2010)

『바다와 섬, 인천에서의 삶』(공저, 2008)

『인천의 문화유산을 찾아서』(공저, 2008)
『인천 개항장 역사기행』(공저, 2007)
『인천 개항장 풍경』(공저, 2006)
『근대문화로 읽는 한국최초 인천최고』(공저, 2005)
『인천의 섬』(공저, 2004)
『옛날 옛적에 인천은』(공저, 2004)

한국 문학 연구
『프로이트의 농담이론과 시조의 허튼소리』(2018)
『기예는 간데없고 욕정의 흔적만이 – 권번』(2015)
『고려속요와 가창공간』(2012)
『한국 상대시가와 참요의 발생론적 탐색』(2011)
『한국문학의 탐색』(공저, 2011)
『쌍화점, 다섯 개의 시선』(공저, 2010)
『삼국지연의 한국어 번역과 서사변용』(공저, 2006)
『한국문학연구의 현단계』(공저, 2005)
『고려속요와 기녀』(2004)
『한국 고시가의 새로운 인식』(2003, 대한민국학술원 우수 학술 도서)
『한국 고전시가의 재조명』(1998)